MOLIÈRE

DER BÜRGER ALS EDELMANN

BALLETT-KOMÖDIE IN FÜNF AUFZÜGEN

AUS DEM FRANZÖSISCHEN ÜBERTRAGEN
VON ARTHUR LUTHER

PHILIPP RECLAM JUN. STUTTGART

Originaltitel:
Le Bourgeois gentilhomme

Universal-Bibliothek Nr. 5485

Die Übersetzung erscheint mit Genehmigung des Steyer Verlages, Freilassing

Gesamtherstellung: Reclam, Ditzingen. Printed in Germany 1996

ISBN 3-15-005485-0

PERSONEN

Herr Jourdain, *ein Bürger*
Seine Frau
Lucile, *beider Tochter*
Cleonte, *ihr Anbeter*
Dorimène, *Marquise*
Graf Dorante, *ihr Anbeter*
Nicole, *Dienstmädchen bei Jourdain*
Covielle, *Cleontes Diener*
Ein Musikmeister und sein Schüler
Ein Tanzmeister. Ein Fechtmeister
Ein Philosoph
Ein Schneider und sein Geselle
Ein Mufti. Zwei Lakaien

Tänzer und Sänger: Schneider, Köche, Türken, Derwische, Spanier, Italiener, Franzosen, Zuschauer usw.

Paris, im Hause des Herrn Jourdain

ERSTER AUFZUG

Beim Aufgehen des Vorhangs große Orchestermusik. In der Mitte der Bühne sieht man einen Schüler des Musikmeisters an einem Tisch sitzend beim Komponieren eines Liedes, das Herr Jourdain für eine Serenade verlangt hat.

ERSTER AUFTRITT

Der Musikmeister. Der Tanzmeister. Der Schüler des Musikmeisters. Drei Musikanten (eine Sängerin, zwei Sänger). Zwei Geiger. Vier Tänzer.

Musikmeister *(zu den Musikanten).* Geht in den Saal, da ruht euch aus, bis er kommt.

Tanzmeister *(zu den Tänzern).* Und ihr dorthin!

Musikmeister *(zum Schüler).* Fertig?

Schüler. Ja.

Musikmeister. Laß sehn ... Nicht übel!

Tanzmeister. Haben Sie da was Neues?

Musikmeister. Ja, ein Lied für eine Serenade, die ich ihn hier habe komponieren lassen, bis unser Mann erwacht.

Tanzmeister. Darf man sich's anschauen?

Musikmeister. Sie werden es mit dem Dialog hören, wenn er kommt. Er muß bald erscheinen.

Tanzmeister. Wir haben hier tüchtig zu schaffen, Sie und ich.

Musikmeister. Freilich. Wir haben einen Mann gefunden, wie wir beide ihn brauchen. Dieser Herr Jourdain mit seinen Phantasien von Vornehmheit und Galanterie, die er sich in den Kopf gesetzt hat, bringt uns hübsch was ein, und es wäre Ihren Tänzen und meiner Musik zu wünschen, daß die ganze Welt es machte wie er.

Tanzmeister. Doch nicht so ganz. Ich wenigstens

wünschte, er verstünde etwas mehr von dem, was wir ihm bieten.

Musikmeister. Allerdings. Er versteht wenig, aber er zahlt gut, und das ist es, was unsere Künste vor allem nötig haben.

Tanzmeister. Nun, was mich betrifft, so geht mir's auch um den Ruhm. Ich brauche den Beifall, und ich finde, es ist für jeden Künstler eine Marter, sich vor Dummköpfen zu produzieren, die barbarischen Urteile eines Blödian über seine Schöpfungen ertragen zu müssen. Es macht Freude – das werden Sie mir zugeben –, für Menschen zu arbeiten, die fähig sind, die Feinheiten der Kunst zu empfinden, die die Schönheiten eines Werkes verständnisvoll aufzunehmen wissen und uns durch freundlichen Beifall für unsere Mühe belohnen. Ja, der schönste Lohn, den wir für unsere Leistungen empfangen können, ist, sie verstanden zu sehen, sie durch einen uns ehrenden Beifall ausgezeichnet zu wissen. Ich wüßte nichts, was uns besser für unsere Anstrengungen belohnte. Verständnisvolles Lob ist das reichste Honorar.

Musikmeister. Ich bin ganz Ihrer Meinung. Es gibt in der Tat nichts, was uns mehr schmeichelt als ein Beifall, wie Sie ihn schildern. Aber von Weihrauch wird man nicht satt. Bloßes Lob allein nützt einem nicht viel; da muß noch etwas Solideres hinzukommen. Die beste Art zu loben ist mit den Händen zu loben. Der Mann hier ist in der Tat kein großes Licht; was er redet, ist durchweg verkehrt, und sein Beifall ist allemal falsch angebracht. Aber sein Geld gleicht die Mängel seines Geistes wieder aus; seine Urteilskraft steckt in seiner Börse, sein Lob spendet er in barer Münze, und dieser ungebildete Spießer hat, wie Sie sehen, mehr Wert für uns als der aufgeklärte vornehme Herr, der uns hier eingeführt hat.

Tanzmeister. Sie haben nicht ganz unrecht, doch ich meine, Sie schätzen das Geld zu hoch ein. Der materielle Vorteil ist etwas so Niedriges, daß ein Mann von Ehre sich nie so sehr auf ihn bedacht zeigen sollte.

Musikmeister. Trotzdem lassen Sie sich von unserm Mann bezahlen.

Tanzmeister. Gewiß. Aber ich sehe darin nicht mein ganzes Glück, und ich wünschte, daß er neben seinem Geld auch etwas Geschmack und Kunstverständnis besäße.

Musikmeister. Das wünschte ich auch. Und daraufhin arbeiten wir beide ja, so gut wir können. In jedem Fall aber hilft er uns dazu, in der Welt bekannt zu werden, und so mag er für die andern zahlen, was die andern für ihn loben.

Tanzmeister. Da kommt er.

ZWEITER AUFTRITT

Die Vorigen. Herr Jourdain, in Schlafrock und Nachtmütze, mit zwei Lakaien.

Jourdain. Nun, meine Herren, wie steht's? Wollen Sie mir Ihren kleinen Spaß vormachen?

Tanzmeister. Wie? Was für einen Spaß?

Jourdain. Nun ... Wie nennen Sie das? Ihren Prolog oder Dialog mit Gesang und Tanz?

Tanzmeister. Ah so!

Musikmeister. Sie sehen uns bereit.

Jourdain. Ich habe Sie etwas warten lassen. Das kommt aber daher, weil ich mich heute wie ein Mann von Qualität kleiden möchte, und mein Schneider hat mir ein Paar Seidenstrümpfe geschickt, von denen ich nie gedacht hätte, daß ich sie tragen würde.

Musikmeister. Wir richten uns nur nach Ihren Wünschen.

Jourdain. Ich bitte Sie beide, nicht eher zu gehen, als bis man meinen Anzug gebracht hat, damit Sie mich noch sehen können.

Tanzmeister. Ganz wie Sie wünschen.

Jourdain. Sie werden mich durchaus standesgemäß gekleidet sehen, von Kopf bis zu Fuß.

Musikmeister. Wir zweifeln nicht daran.

Jourdain. Ich habe mir jetzt diesen Schlafrock machen lassen.
Tanzmeister. Er ist sehr schön.
Jourdain. Mein Schneider hat mir gesagt, die feinen Leute gingen morgens alle so.
Musikmeister. Er steht Ihnen wunderbar.
Jourdain. Lakai! Heda! Meine zwei Lakaien!
Erster Lakai. Was wünschen der gnädige Herr?
Jourdain. Nichts. Ich wollte nur sehen, ob ihr mir gut gehorcht. *(Zu den Künstlern.)* Was sagen Sie zu meinen Livreen?
Tanzmeister. Sie sind prächtig.
Jourdain *(lüftet den Schlafrock und zeigt seine schmale Hose aus rotem und das Kamisol aus grünem Samt)*. Hier ein kleines Negligé für meine Morgenübungen.
Musikmeister. Entzückend.
Jourdain. Lakai!
Erster Lakai. Gnädiger Herr ...
Jourdain. Der andere!
Zweiter Lakai. Gnädiger Herr ...
Jourdain. Nehmt den Schlafrock! *(Zieht den Schlafrock aus. Zu den Künstlern.)* Wie finden Sie mich so?
Musikmeister. Wunderschön. Man kann sich nichts Schöneres denken.
Jourdain. Was haben Sie mir heute zu bieten?
Musikmeister. Ich wollte Sie ein Lied hören lassen, das er *(zeigt auf den Schüler)* für die Serenade komponiert hat, die Sie wünschten. Es ist ein Schüler von mir, der für diese Kunstgattung ein außerordentliches Talent besitzt.
Jourdain. Gewiß, aber man sollte das nicht von einem Schüler machen lassen. Sie sind doch wohl nicht zu gut, um sich selbst damit zu befassen.
Musikmeister. Das Wort Schüler darf Sie nicht beirren, mein Herr. Diese Art Schüler können oft mehr als die größten Meister, und das Lied ist so schön, daß es sich wohl hören lassen kann. Hören Sie es nur erst einmal an.
Jourdain *(zu den Lakaien)*. Gebt mir den Schlaf-

rock, damit ich besser hören kann ... Halt, ich glaube, ich mache mich besser ohne Schlafrock. Nein, gebt ihn her, so sieht's doch schöner aus.

Sängerin *(singt).*

Ach, nicht bei Tage noch bei Nacht mehr find ich Ruh,
Seit mich dein schönes Aug so finster angesehen!
Weh! Schon den Liebenden, Iris, behandelst du
So streng – wie soll es da erst deinem Feind ergehen?

Jourdain. Ich finde dieses Lied etwas trübselig. Es wirkt einschläfernd. Können Sie es nicht hie und da ein bißchen heiterer machen?

Musikmeister. Die Musik muß zu den Worten passen, mein Herr.

Jourdain. Man hat mich da vor kurzem eins gelehrt. Warten Sie mal ... Ja ... Wie war es denn gleich?

Tanzmeister. Meiner Treu, ich weiß es nicht.

Jourdain. Es war da was von einem Hammel.

Tanzmeister. Einem Hammel?

Jourdain. Ja. Halt! So war's! *(Singt.)*

Ich dachte von Jeanettchen,
Sie wär so schön wie zahm,
Ich dachte mir, das Mädchen
Wär sanft wie'n junges Lamm.
Doch ach und weh, wie bald
Sah ich mit bitterm Schmerz,
Der Tiger selbst im Wald
Hat kein so hartes Herz!

Ist das nicht allerliebst?

Musikmeister. Ganz reizend!

Tanzmeister. Und Sie tragen es meisterhaft vor.

Jourdain. Und ohne Musik studiert zu haben.

Musikmeister. Und doch sollten Sie das tun, ebenso wie tanzen lernen. Das sind Künste, die aufs engste zusammengehören.

Tanzmeister. Und die den Geist des Menschen für das Schöne empfänglich machen.

Jourdain. Studieren die vornehmen Leute Musik?

Musikmeister. Gewiß, mein Herr.

Jourdain. So will ich es auch. Ich weiß nur nicht, welche Stunde ich dafür ansetzen soll, denn außer dem

Fechtmeister, der mir Unterricht erteilt, habe ich mir noch einen Philosophen bestellt, der heute früh antreten soll.

M u s i k m e i s t e r. Philosophie ist schon was wert, aber die Musik, Herr, die Musik ...

T a n z m e i s t e r. Musik und Tanz ... Musik und Tanz, das ist es, worauf es vor allem ankommt.

M u s i k m e i s t e r. Nichts nützt dem Staat so wie die Musik.

T a n z m e i s t e r. Nichts braucht der Mensch so wie das Tanzen.

M u s i k m e i s t e r. Ohne Musik kann kein Staat bestehen.

T a n z m e i s t e r. Ein Mensch, der nicht tanzt, taugt zu nichts.

M u s i k m e i s t e r. Alle Unruhen, alle Kriege in der Welt kommen nur daher, daß man sich nicht mit Musik beschäftigt.

T a n z m e i s t e r. Alles Unglück der Menschen, alle Schicksalsschläge, von denen die Geschichte uns kündet, alle Fehlgriffe der Politik, alle Niederlagen der großen Feldherren kommen nur daher, daß man nicht zu tanzen versteht.

J o u r d a i n. Wirklich?

M u s i k m e i s t e r. Ist der Krieg nicht eine Folge der Uneinigkeit der Menschen?

J o u r d a i n. Allerdings.

M u s i k m e i s t e r. Und wenn alle Menschen Musik lernten, wäre das nicht ein Mittel, sie in Einklang zu bringen und der Welt den ewigen Frieden zu sichern?

J o u r d a i n. Sie haben recht.

T a n z m e i s t e r. Wenn ein Mensch in seinem Verhalten etwas versehen hat, sei's in häuslichen Geschäften, sei's in der Staatsverwaltung, nennt man das nicht einen Fehltritt?

J o u r d a i n. Ja, so heißt es.

T a n z m e i s t e r. Und woher kommt es, daß man fehltritt, wenn nicht daher, daß man nicht tanzen gelernt hat?

J o u r d a i n. Das ist wahr. Sie haben alle beide recht.

Tanzmeister. Wir wollten Ihnen nur klarmachen, wie wichtig und nützlich Tanz und Musik sind.

Jourdain. Das ist mir jetzt völlig klar.

Musikmeister. Dürfen wir Ihnen nun Proben unserer beiden Künste vorführen?

Jourdain. Ja.

Musikmeister. Ich sagte Ihnen schon, daß es sich um einen Versuch handelt, zu zeigen, wie die Musik verschiedene Leidenschaften auszudrücken vermag.

Jourdain. Sehr schön.

Musikmeister *(zu den Musikanten)*. Ans Werk! *(Zu Jourdain.)* Sie müssen sie sich als Schäfer gekleidet denken.

Jourdain. Warum immer Schäfer? Gibt es nichts anderes mehr?

Tanzmeister. Wenn man Menschen durch die Musik reden läßt, so ist es der Wahrscheinlichkeit wegen angebracht, sie zu Schäfern zu machen. Der Gesang war stets bei den Schäfern zu Hause, und es wäre unnatürlich, wenn Fürsten oder Bürger im Dialog ihre Gefühle singend aussprächen.

Jourdain. Schon gut, schon gut. Fangen Sie nur an.

Wechselgesang

Eine Sängerin. Zwei Sänger.

Sängerin. Wie muß das arme Herz sich plagen,
Das rückhaltlos der Liebe sich geweiht!
Zwar heißt es, mancher seufzt und sehnt sich mit Behagen.
Ich aber kann nur sagen:
Die Freiheit ist's allein, die unser Herz erfreut!

Erster Sänger.
O höchste Seligkeit, die uns das Schicksal gönnt,
Wenn Herz zu Herz entbrennt
Im gleichen süßen Triebe!
Nur dies Gefühl allein macht uns das Leben reich,
Und gäb' es keine Liebe,
Wär's einer Wüste gleich!

Zweiter Sänger.
Kein größer Glück als das die Lieb uns schenkt, allein

Die Treue muß mit ihr verbunden sein.
Doch ach! Vergebliches Beginnen,
Suchst du nach treuen Schäferinnen!
Dies wankelmütige Geschlecht ist es nicht wert,
Daß man nach ihm in Sehnsucht sich verzehrt.

Erster Sänger. O Zauberin!
Sängerin. Frei will ich sein!
Zweiter Sänger. Betrügerin!
Erster Sänger. O wärst du endlich mein!
Sängerin. O Freiheit, teures Gut!
Zweiter Sänger. Es packt mich Angst und Wut!
Erster Sänger.
Wird denn die Liebe nie Macht über dich gewinnen?
Sängerin. Es gibt, o glaube mir,
Auch treue Schäferinnen.
Zweiter Sänger. Ich finde keine hier.
Sängerin. Es geht um unsre Ehre,
Drum schenk ich dir mein Herz.
Zweiter Sänger. Wenn ich nur sicher wäre,
Daß dies kein schlechter Scherz!
Sängerin. Wer inniger zu lieben
Vermag, zeig ein Versuch!
Zweiter Sänger. Wer wagt, Verrat zu üben,
Den treff der Götter Fluch!
Alle drei. O laßt sie hell entbrennen,
Die Liebesflammen heut!
O welche Seligkeit,
Ein treues Herz zu kennen!

Jourdain. Ist das alles?

Musikmeister. Ja.

Jourdain. Ich finde es nicht übel. Es kommen da ein paar recht nette Sprüchlein vor.

Tanzmeister. Darf ich Ihnen nun meinerseits einige Proben besonders schöner Bewegungen und Gesten vorführen, durch die ein Tanz belebt werden kann?

Jourdain. Sind es auch Schäfer?

Tanzmeister. Ganz nach Belieben! *(Zu den Tänzern.)* Vorwärts!

Ballett.

ZWEITER AUFZUG

ERSTER AUFTRITT

Jourdain. Musikmeister. Tanzmeister.

Jourdain. Das ist gar nicht so dumm. Die Leute hopsen ganz nett.

Musikmeister. Wenn sich der Tanz mit der Musik verbindet, ist die Wirkung noch größer. Sie werden etwas sehr Hübsches zu sehen bekommen in dem kleinen Ballett, das wir für Sie eingeübt haben.

Jourdain. Dann halten Sie sich bereit. Die Person, der das alles gelten soll, will mir die Ehre erweisen, heute bei mir zu dinieren.

Tanzmeister. Es ist alles bereit.

Musikmeister. Aber, mein Herr, das ist noch nicht genug. Ein Mann wie Sie, der so vornehm ist und so kunstverständig, pflegt jeden Mittwoch oder Donnerstag Konzerte in seinem Hause zu veranstalten.

Jourdain. Machen die feinen Leute das?

Musikmeister. Gewiß, mein Herr.

Jourdain. So will ich's auch tun. Ist das schön?

Musikmeister. Sicherlich. Sie brauchen drei Gesangstimmen, einen Diskant, einen Alt und einen Baß, die begleitet werden von einer Baßgeige, einer Theorbe und einem Clavecin für die Bässe und zwei Diskantstimmen, um ein Ritornell zu spielen.

Jourdain. Es müßte noch eine Trompette-marine hinzukommen. Das ist ein Instrument nach meinem Geschmack und klingt höchst harmonisch.

Musikmeister. Lassen Sie uns nur machen.

Jourdain. Vergessen Sie nicht, mir gleich Ihre Leute für die Tafelmusik zu schicken.

Musikmeister. Sie sollen alles nach Wunsch haben.

Jourdain. Das Ballett muß aber schön sein.

Musikmeister. Sie werden zufrieden sein – auch

mit einigen Menuetts, die Ihnen vorgeführt werden sollen.

Jourdain. Ah! Menuett! Das ist mein Fall. Da sollen Sie mich mal tanzen sehen. Vorwärts, Meister!

Tanzmeister. Einen Hut, Herr, wenn's beliebt. *(Jourdain nimmt den Hut eines Lakaien und stülpt ihn über seine Nachtmütze. Der Tanzmeister faßt ihn bei den Händen und läßt ihn nach der Melodie eines Menuetts tanzen, die er singt.)* La, la, la, la, la, la; la, la, la, la, la, la; la, la, la, la, la. Takt halten, wenn ich bitten darf! La, la, la, la, la. Rechten Fuß! La, la, la. Nicht so mit den Schultern zucken! La, la, la, la, la, la, la. Arme nicht so krumm halten! La, la, la, la, la, la, la. Kopf hoch! Fußspitze nach außen drehen! La, la, la, la, la! Halten Sie sich doch grade!

Jourdain. Uff!

Musikmeister. Es gibt nichts Schöneres.

Jourdain. Ach ja, zeigen Sie mir doch mal, wie man sich vor einer Marquise verbeugt. Ich habe das sofort nötig.

Tanzmeister. Verbeugung vor einer Marquise?

Jourdain. Ja, einer Marquise namens Dorimène.

Tanzmeister. Geben Sie mir die Hand.

Jourdain. Nein, Sie sollen es mir nur vormachen. Ich merke es mir schon.

Tanzmeister. Wenn Sie die Dame besonders respektvoll grüßen wollen, müssen Sie zuerst in einiger Entfernung eine Verbeugung machen, dann mit drei Verbeugungen auf sie zugehen und zuletzt sich ganz tief, bis zu ihren Knien, verbeugen.

Jourdain. Lassen Sie mal sehen. *(Der Tanzmeister macht drei Verbeugungen.)* Gut.

ZWEITER AUFTRITT

Die Vorigen. Ein Lakai. Dann der Fechtmeister mit seinem Diener, der zwei Rapiere trägt.

Lakai. Gnädiger Herr, Ihr Fechtmeister.

Jourdain. Er soll eintreten und mir Unterricht geben. *(Zum Musikmeister und Tanzmeister.)* Sie sollen mich fechten sehen.

(Der Fechtmeister tritt auf, nimmt die Rapiere aus der Hand des Dieners und reicht Jourdain eins.)

Fechtmeister. Bitte, mein Herr! Erst die Verbeugung. Körper gradehalten. Etwas nach dem linken Schenkel geneigt. Beine nicht so spreizen. Füße auf einer Linie. Handgelenk gegen die Hüfte gekehrt. Degenspitze in Schulterhöhe. Arm nicht so straffen. Linke Hand in Höhe des Auges. Linke Schulter senken. Kopf grade. Festen Blick. Schritt vor! Körper ruhig halten. Schlagen Sie jetzt die Quart, und parieren Sie. Eins, zwei. Erholen. Noch einmal. Fest auftreten. Sprung zurück. Wenn Sie schlagen, Herr, muß der Degen vorausgehen und der Rumpf zurückgebogen werden. Eins, zwei. Schlagen Sie jetzt die Terz, und parieren Sie. Schritt vor. Körper grade. Noch einen Schritt. Zustoßen. Eins, zwei. Erholen. Noch einmal. Eins, zwei. Sprung zurück. Aufgepaßt, Herr, aufgepaßt. *(Er versetzt Jourdain einen oder zwei Hiebe.)* Aufgepaßt!

Jourdain. Au!

Musikmeister. Sie machen es wunderbar.

Fechtmeister. Wie ich Ihnen schon sagte – die ganze Kunst läuft auf zweierlei hinaus: Hiebe austeilen und keine empfangen. Und wie ich Ihnen bereits gestern zeigte: es ist unmöglich, getroffen zu werden, wenn Sie den Degen Ihres Gegners aus der Linie Ihres Rumpfes schlagen, und dazu bedarf es nur einer kleinen Bewegung des Handgelenks, entweder nach außen oder nach innen.

Jourdain. So kann man, ohne tapfer zu sein, seinen Mann mit Sicherheit erstechen, ohne erstochen zu werden.

Fechtmeister. Bestimmt. Habe ich es Ihnen nicht vorgeführt?

Jourdain. Jawohl.

Fechtmeister. Sie sehen daraus, welches Ansehen wir im Staat genießen müssen und wie hoch die Fechtkunst über allen andern überflüssigen Künsten steht, als da sind Tanz, Musik . . .

Tanzmeister. Nicht so hitzig, Herr Degenschwenker! Reden Sie mit mehr Respekt von der Tanzkunst.

Musikmeister. Lernen Sie den Wert der Musik höher schätzen!

Fechtmeister. Das sind ja kuriose Herrschaften, die ihre Kunst mit meiner vergleichen wollen!

Musikmeister. Sieh doch einer den gewichtigen Herrn!

Tanzmeister. Ein nettes Tierchen das, mit seinem Plastron.

Fechtmeister. Sie kleiner Tanzmeister, ich will Sie noch hopsen lassen! Und Sie, mein kleiner Musikus, werden mir ganz wunderbar singen!

Tanzmeister. Sie Eisenfresser, ich werde Sie noch meine Kunst lehren!

Jourdain *(zum Tanzmeister).* Sind Sie verrückt? Sich mit ihm in Streit einzulassen? Er schlägt die Terz und die Quart und demonstriert Ihnen, wie man einen Menschen totsticht.

Tanzmeister. Ich pfeife auf seine Demonstrationen und Terzen und Quarten.

Jourdain. Nicht so hitzig!

Fechtmeister. Was? So ein kleiner Frechdachs!

Jourdain. Ich bitte Sie, Herr Fechtmeister!

Tanzmeister. Das will sich aufs hohe Pferd setzen!

Jourdain. Aber Herr Tanzmeister!

Fechtmeister. Wenn ich mich auf Sie stürze ...

Jourdain. Nur sachte, nur sachte!

Tanzmeister. Wenn ich Hand an Sie lege ...

Jourdain. Ruhe!

Fechtmeister. Sie sollen mir Dresche besehen ...

Jourdain. Um Gottes willen!

Tanzmeister. Ich versohle Sie ...

Jourdain. Erbarmen Sie sich ...

Musikmeister. Er soll uns Rede stehen ...

Jourdain. Ums Himmels willen, halten Sie ein!

DRITTER AUFTRITT

Die Vorigen. Der Philosoph.

Jourdain. Ah, Herr Philosoph! Sie kommen im rechten Augenblick mit Ihrer Philosophie. Stiften Sie Frieden zwischen den Leuten da!

Philosoph. Was gibt es denn? Was ist los, meine Herrn?

Jourdain. Sie sind in Wut geraten über den Wert ihrer Künste, sagen sich Injurien und wären fast handgemein geworden.

Philosoph. Ich bitte Sie, meine Herrn, darf man sich denn so hinreißen lassen? Haben Sie den gelehrten Traktat von Seneca über den Zorn nicht gelesen? Gibt es etwas Gemeineres und Schändlicheres als diese Leidenschaft, die aus dem Menschen ein wildes Tier macht? Soll denn nicht die Vernunft Herrin über all unsere Triebe sein?

Tanzmeister. Wie, Herr? Er beleidigt uns beide, indem er die Tanzkunst schmäht, die ich ausübe, und die Musik, den Beruf dieses Herrn!

Philosoph. Ein weiser Mann steht über allen Beleidigungen, die er zu hören bekommt. Die erhabene Antwort, die man darauf geben soll, heißt Mäßigung und Geduld.

Fechtmeister. Sie haben es gewagt, ihre Kunst der meinen gleichzustellen!

Philosoph. Muß Sie das so erregen? Man soll nicht um Rang und leeren Ruhm streiten. Was uns wirklich voneinander unterscheidet, ist einzig die Weisheit und die Tugend.

Tanzmeister. Ich erkläre ihm, daß der Tanz eine Wissenschaft ist, die man gar nicht genug ehren kann.

Musikmeister. Und ich erkläre, daß die Musik eine Wissenschaft ist, die zu allen Zeiten hochgeschätzt worden ist.

Fechtmeister. Und ich sage Ihnen allen beiden, daß die Wissenschaft des Waffengebrauchs die schönste und wichtigste von allen ist!

Philosoph. Und was wäre dann die Philosophie?

Ich finde es von allen dreien reichlich unverschämt, zu mir so anmaßend zu sprechen und schamlos als Wissenschaft zu bezeichnen, was nicht einmal den Namen Kunst verdient, was einfach zum elenden Handwerk der Gladiatoren, Bänkelsänger und Gaukler gehört.

Fechtmeister. Hinaus, Hund von einem Philosophen!

Musikmeister. Hinaus, du jämmerlicher Pedant!

Tanzmeister. Hinaus mit dem ausgefeimten Schulfuchs.

Philosoph. Was?! Ihr Schufte!

(Er stürzt sich auf sie, es entsteht eine wüste Prügelei.)

Jourdain. Herr Philosoph!

Philosoph. Infames Lumpengesindel!

Jourdain. Herr Philosoph!

Fechtmeister. Verdammtes Vieh!

Jourdain. Meine Herren!

Philosoph. Schamlos!

Jourdain. Herr Philosoph!

Tanzmeister. Der Teufel soll dich Esel reiten!

Jourdain. Meine Herren!

Philosoph. Verbrecher!

Musikmeister. Zum Teufel mit dem Frechling!

Jourdain. Meine Herren!

Philosoph. Lumpen, Schufte, Verräter, Schwindler!

Jourdain. Herr Philosoph! Meine Herren! Herr Philosoph! Meine Herren! Herr Philosoph! *(Die vier prügeln einander hinaus.)* Prügelt euch, soviel ihr wollt. Ich kann nichts dazu tun. Ihr würdet mir nur meine Kleider zerfetzen. Es wäre Wahnsinn, mich hineinzumischen, nur um ein paar schmerzliche Hiebe zu kriegen.

VIERTER AUFTRITT

Jourdain. Ein Lakai. Der Philosoph.

Philosoph *(kommt zurück, bringt seinen Anzug in Ordnung)*. Fangen wir nun mit dem Unterricht an.

Jourdain. Ach, mein Herr, ich bin tief betrübt über die Schläge, die Sie bekommen haben.

Philosoph. Das hat nichts zu bedeuten. Ein Philosoph muß sich mit den Dingen abfinden. Ich will gegen sie eine Satire im Stil des Juvenal verfassen, die kein gutes Haar an ihnen läßt. Genug davon. Was wollen Sie lernen?

Jourdain. Alles, was ich irgend kann. Ich habe den heißen Wunsch, ein Gelehrter zu werden, und ich bin verzweifelt, daß mein Vater und meine Mutter mich nicht alle Wissenschaften studieren ließen, als ich noch jung war.

Philosoph. Das ist ein vernünftiges Begehren. Nam sine doctrina vita est quasi mortis imago. Verstehen Sie das? Sie können doch gewiß Latein?

Jourdain. Ja. Aber tun Sie so, als ob ich es nicht könnte. Erklären Sie mir, was das bedeutet.

Philosoph. Das heißt soviel wie: Ohne Wissenschaft ist das Leben gleichsam ein Abbild des Todes.

Jourdain. Dies Latein ist recht vernünftig.

Philosoph. Haben Sie nun schon einige Vorkenntnisse? Beherrschen Sie die Anfangsgründe der Wissenschaften?

Jourdain. Freilich, freilich, ich kann lesen und schreiben.

Philosoph. Womit sollen wir nun beginnen? Soll ich Sie erst in die Logik einführen?

Jourdain. Was ist denn diese Logik?

Philosoph. Die Lehre von den drei Operationen des Geistes.

Jourdain. Was sind das für drei geistliche Operationen?

Philosoph. Die erste, die zweite und die dritte. Die erste: richtig verstehen mit Hilfe der Universale; die zweite: richtig urteilen mit Hilfe der Kategorien; die dritte: richtige Schlüsse ziehen mit Hilfe der Figuren: Barbara, Celarent, Darii, Ferio, Baralipton.

Jourdain. Das sind mir zu kniffliche Wörter. Diese Logik paßt mir nicht. Nehmen wir etwas anderes, Netteres.

Philosoph. Wollen Sie Moral studieren?

Jourdain. Moral?

Philosoph. Ja.

Jourdain. Was lehrt denn diese Moral?

Philosoph. Sie handelt vom Glück, sie lehrt die Menschen ihre Leidenschaften beherrschen, und ...

Jourdain. Nein, lassen wir das. Ich bin gallig wie alle Teufel zusammen, und da soll mich keine Moral zurückhalten, ich will meine Wut austoben, wenn es mal über mich kommt.

Philosoph. So wollen Sie vielleicht Physik studieren?

Jourdain. Was besingt denn diese Physik?

Philosoph. Die Physik belehrt uns über die Vorgänge in der Natur und die Eigenschaften der Körper. Sie handelt von der Natur der Elemente, der Metalle, der Mineralien, der Steine, der Pflanzen und der Tiere und erklärt uns die Entstehung der Meteore, Regenbogen, Irrlichter, Kometen, Blitze, Donner, Gewitter, Regen, Schnee, Hagel, Winde und Stürme.

Jourdain. Dabei ist mir zu viel Krach und Bums.

Philosoph. Was soll ich Sie denn lehren?

Jourdain. Lehren Sie mich Orthographie.

Philosoph. Sehr gern.

Jourdain. Nachher lehren Sie mich den Kalender, damit ich weiß, wann der Mond scheint und wann er nicht zu sehen ist.

Philosoph. Gern. Um nun Ihren Gedanken richtig zu verfolgen und den Gegenstand philosophisch zu behandeln, müssen wir nach der Ordnung der Dinge mit einer genauen Kenntnis der Natur der Buchstaben und der verschiedenen Art ihrer Aussprache beginnen. Und nun muß ich Ihnen sagen, daß wir die Buchstaben einteilen in Vokale oder Selbstlauter, so genannt, weil sie selbständigen Lautwert haben, und Konsonanten oder Mitlauter, so genannt, weil sie nur mit den Vokalen ertönen und nur die verschiedenen Artikulationen der Stimme bedingen. Es gibt fünf Vokale: A, E, I, O, U.

Jourdain. Das verstehe ich.

Philosoph. Der Laut A wird gebildet, indem man den Mund weit aufmacht: A.

Jourdain. A, A. Ja, ja.

Philosoph. Der Laut E wird gebildet, indem man den Unterkiefer dem Oberkiefer nähert: A, E.

Jourdain. A, E; A, E. Jawohl. Ach, ist das schön.

Philosoph. Beim Laut I werden die beiden Kiefer einander noch mehr genähert und zugleich die beiden Mundwinkel bis zu den Ohren hin gezogen: A, E, I.

Jourdain. A, E, I, I, I. Stimmt! Es lebe die Wissenschaft!

Philosoph. Der Laut O wird gebildet, indem man den Mund wieder öffnet und die Lippen von beiden Seiten, von oben und unten, einander nähert: O.

Jourdain. O, O. Nichts kann richtiger sein. A, E, I, O, I, O, I. Das ist wunderbar! I, O, I, O.

Philosoph. Der geöffnete Mund bildet einen kleinen Kreis, der dem Schriftzeichen O entspricht.

Jourdain. O, O, O. Sie haben recht: O. Ah, wie schön ist es, etwas zu wissen.

Philosoph. Der Laut U wird gebildet, indem man die Zähne einander nähert, ohne daß sie sich ganz berühren, und die Lippen lang zieht, sie einander ebenfalls nähernd, ohne daß sie sich berühren: U.

Jourdain. U, U. Nichts ist glaubhafter: U.

Philosoph. Ihre Lippen ziehen sich in die Länge, als wollten Sie ein schiefes Maul machen. Daher kommt es, daß, wenn Sie jemandem ein Gesicht schneiden und sich über ihn lustig machen wollen, Sie nur U zu sagen brauchen.

Jourdain. U, U. Ja, so ist es. Ach, daß ich das alles nicht schon früher gelernt habe, dann wüßte ich es jetzt.

Philosoph. Morgen nehmen wir die übrigen Buchstaben vor, nämlich die Konsonanten.

Jourdain. Gibt es da auch so kuriose Dinge wie die hier?

Philosoph. Ganz gewiß. Der Konsonant D wird zum Beispiel gebildet, indem man die Zungenspitze an den Zähnen entlang nach unten schiebt: DA.

Jourdain. DA, DA. Jawohl! Ach wie schön, wie schön!

Philosoph. Das F, indem man die Oberzähne an die Unterlippe legt: FA.

Jourdain. FA, FA. Ganz richtig. Ach, Vater und Mutter, wie böse bin ich euch!

Philosoph. Beim R nähern wir die Zungenspitze dem obern Gaumen. Wenn dann die Luft mit Gewalt entströmt, gibt die Zunge nach, kehrt aber immer wieder in ihre frühere Stellung zurück, so daß eine Art von Zittern entsteht: R, RA.

Jourdain. R, R, RA; R, R, R, R, RA. Stimmt! Ach, was sind Sie für ein gewandter Mann, und wieviel Zeit habe ich vergeudet.

Philosoph. Ich will Ihnen all diese Eigentümlichkeiten ganz genau erklären.

Jourdain. Ich bitte Sie darum. Und nun muß ich Ihnen ein Geständnis machen: ich bin verliebt in eine sehr vornehme Dame, und Sie sollen mir helfen, ihr etwas in einem kleinen Billett zu schreiben, das ich ihr zu Füßen legen will.

Philosoph. Sehr gern.

Jourdain. Das wäre doch galant, nicht wahr?

Philosoph. Ganz sicher. Sollen es Verse sein?

Jourdain. Nein, nein, keine Verse.

Philosoph. Also Prosa?

Jourdain. Nein, nein, weder Prosa noch Verse.

Philosoph. Eins von beiden muß es aber sein.

Jourdain. Warum?

Philosoph. Weil es keine anderen Möglichkeiten gibt, seine Gedanken auszudrücken, als den Vers oder die Prosa.

Jourdain. Es gibt nur Prosa oder Verse?

Philosoph. Nein, mein Herr, alles, was nicht Prosa ist, sind Verse, und alles, was nicht Verse sind, ist Prosa.

Jourdain. Und wenn wir sprechen, was ist denn das?

Philosoph. Das ist Prosa.

Jourdain. Wie? Wenn ich sage: Nicole, bring mir meine Pantoffeln, und gib mir die Nachtmütze – das ist Prosa?

Philosoph. Jawohl, mein Herr.

Jourdain. Meiner Treu, da rede ich nun schon mehr als vierzig Jahre lang Prosa, ohne es zu wissen! Ich bin Ihnen sehr verbunden, daß Sie mir das klargemacht haben. Ich will ihr nun in jenem Billett schreiben: „Schöne Marquise, Ihre schönen Augen machen mich vor Liebe sterben." Ich möchte aber, daß dies in einer galanten Manier ausgedrückt wird, daß es sich hübsch macht.

Philosoph. Man könnte vielleicht sagen, das Feuer ihrer Augen verbrenne Ihr Herz zu Asche, Sie litten um ihretwillen Tag und Nacht unter der Gewalt ...

Jourdain. Nein, nein, das alles mag ich nicht. Ich will nur, was ich Ihnen gesagt habe: „Schöne Marquise, Ihre schönen Augen machen mich vor Liebe sterben."

Philosoph. Man könnte es immerhin etwas ausschmücken.

Jourdain. Nein, sage ich. Ich will nur diese Worte im Billett haben, aber modisch gewendet, schön arrangiert, wie sich's gehört. Sie sollen mir sagen, wie man das auf verschiedene Art ausdrücken kann.

Philosoph. Man kann die Worte so fassen, wie Sie es zuerst getan haben: Schöne Marquise, Ihre schönen Augen machen mich vor Liebe sterben. Oder: Vor Liebe sterben machen mich, schöne Marquise, Ihre schönen Augen. Oder: Ihre schönen Augen machen vor Liebe, schöne Marquise, mich sterben. Oder: Sterben, schöne Marquise, machen vor Liebe mich Ihre schönen Augen. Oder: Ihre schönen Augen sind's, schöne Marquise, die mich vor Liebe sterben machen.

Jourdain. Welche von allen diesen Wendungen ist nun aber die beste?

Philosoph. Ihre erste: Schöne Marquise, Ihre schönen Augen machen mich vor Liebe sterben.

Jourdain. Da hab ich noch gar nicht studiert und es gleich auf Anhieb richtig gemacht. Ich danke Ihnen von Herzen und bitte Sie, morgen früh wiederzukommen.

Philosoph. Ich werde nicht ermangeln. *(Ab.)*

Jourdain *(zum Lakai)*. Ist mein Anzug noch immer nicht gebracht?

Lakai. Nein, gnädiger Herr.

Jourdain. Dieser verdammte Schneider läßt mich warten an einem Tage, an dem ich so viel zu tun habe! Ich platze vor Wut! Daß das viertägige Fieber den

Schuft von Schneider schüttelte! Daß ihn der Teufel hole! Daß er die Pest kriegte! Wenn ich ihn jetzt hier hätte, diesen Lumpenkerl von Schneider, diesen Hund von Schneider, diesen Schwindler von Schneider ...

FÜNFTER AUFTRITT

Jourdain. Der Schneider und sein Geselle mit dem Anzug. Der Lakai.

Jourdain. Ah! Da sind Sie endlich! Ich wäre schon fast in Zorn geraten.

Schneider. Ich konnte nicht früher kommen. Ich hatte zwanzig Gesellen an Ihren Anzug gesetzt.

Jourdain. Sie haben mir so enge Strümpfe geschickt, daß ich sie nur mit größter Mühe habe anziehen können, und zwei Maschen sind schon aufgegangen.

Schneider. Sie werden sich noch sehr dehnen.

Jourdain. Ja, wenn ich alle Maschen aufgerissen habe. Sie haben mir auch Schuhe machen lassen, die mich höllisch drücken.

Schneider. Keineswegs, Herr.

Jourdain. Wie? Keineswegs?

Schneider. Nein, sie drücken gar nicht.

Jourdain. Ich sag Ihnen aber, sie drücken.

Schneider. Das bilden Sie sich nur ein.

Jourdain. Ich bilde es mir nicht ein, denn ich fühle es. Das sind mir schöne Ausreden.

Schneider. Bitte, hier ist das feinste Hofgewand, wunderbar kombiniert. Eine Meisterleistung – ein ernstes Feierkleid schaffen, das nicht schwarz ist. Ich habe es in sechs Teilen von den tüchtigsten Schneidern arbeiten lassen.

Jourdain. Was ist denn das? Sie haben die Blumenborte unten angesetzt?

Schneider. Sie haben mir nicht gesagt, daß Sie sie oben haben wollten.

Jourdain. Muß man das erst sagen?

Schneider. Natürlich. Alle vornehmen Herren tragen sie so.

Jourdain. Die vornehmen Herren haben die Blumen unten?

Schneider. Ja, mein Herr.

Jourdain. So? Dann ist es gut.

Schneider. Wenn Sie wünschen, kann ich sie auch oben ansetzen.

Jourdain. Nein, nein.

Schneider. Sie brauchen nur zu befehlen.

Jourdain. Nein, sag ich. Sie haben es richtig gemacht. Finden Sie, daß der Anzug mir gut steht?

Schneider. Sie fragen noch? Ich wette, daß ein Maler mit seinem Pinsel nichts Schöneres schaffen könnte. Ich habe einen Gesellen, der es mit allen Schneidern der Welt aufnimmt, wenn es gilt, eine Pluderhose zu bauen, und einen andern, der als Verfertiger von Wämsen geradezu als Held unserer Zeit zu bezeichnen wäre!

Jourdain. Sind die Perücke und die Federn so recht?

Schneider. Alles tadellos.

Jourdain *(den Schneider musternd)*. Ei, ei, Herr Schneidermeister, das ist ja der Stoff von dem Anzug, den Sie mir neulich gemacht haben! Ich habe ihn gleich erkannt.

Schneider. Ich fand den Stoff so schön, daß ich mir auch einen Anzug daraus machen wollte.

Jourdain. Gewiß. Aber Sie brauchten ihn nicht aus meinem Stoff zu machen.

Schneider. Wollen Sie das Kleid anziehen?

Jourdain. Ja, geben Sie's her.

Schneider. Einen Augenblick! Das geht nicht so einfach. Ich habe Leute mitgebracht, die Sie nach dem Takt anziehen sollen. Solche Gewänder müssen nach einem bestimmten Zeremoniell angelegt werden. Heda! Herein, ihr Leute!

SECHSTER AUFTRITT

Die Vorigen. Vier Schneidergesellen (Tänzer).

Schneider *(zu den Tänzern)*. Legt dem Herrn sein neues Gewand an – so, wie ihr es bei vornehmen Herrschaften macht.

Ballett

(Die vier Gesellen nähern sich Herrn Jourdain. Zwei nehmen ihm unter rhythmischen Bewegungen die Kniehose ab, die beiden anderen das Kamisol, danach ziehen sie ihm, immer im Takt, die neuen Stücke an. Jourdain geht zwischen ihnen auf und ab und fragt sie durch Gesten, ob alles ordentlich sitzt.)

Geselle. Edler Herr, wollen Sie den Burschen ein kleines Trinkgeld geben?

Jourdain. Wie hat Er mich genannt?

Geselle. Edler Herr.

Jourdain. Edler Herr! Ja, so kommt's, wenn man sich vornehm kleidet. Gehst du immer nur bürgerlich angezogen, dann redet dich kein Mensch mit edler Herr an. *(Gibt dem Schneider Geld.)* Hier etwas für den edlen Herrn.

Geselle. Hoher Herr, Sie verpflichten uns zu größtem Dank.

Jourdain. Hoher Herr! Oh, oh! Wart Er etwas, lieber Freund. Der hohe Herr verdient was. Hoher Herr! Das will schon was sagen. Da, nehm Er, was der hohe Herr Euch spendet. *(Gibt ihm Geld.)*

Geselle. Hoher Herr, wir werden alle auf das Wohl Eurer Exzellenz trinken.

Jourdain. Exzellenz! Oh, oh! Wartet, geht noch nicht weg. Exzellenz! *(Für sich.)* Wahrhaftig, wenn er jetzt noch Eure Hoheit sagt, bekommt er die ganze Börse. *(Laut.)* Da – für meine Exzellenz. *(Gibt ihm noch einmal Geld.)*

Geselle. Hoher Herr, wir danken Ihnen untertänigst für Ihre Großmut.

Jourdain. Das war gut, ich hätte ihm sonst alles gegeben.

Ballett

(Die vier Schneidergesellen drücken durch einen flotten Tanz ihre Freude über das reichliche Trinkgeld aus.)

DRITTER AUFZUG

ERSTER AUFTRITT

Jourdain. Zwei Lakaien. Dann Nicole.

Jourdain. Ihr begleitet mich jetzt in die Stadt, ich will meinen neuen Anzug sehen lassen. Und daß ihr dicht hinter mir her geht, damit die Leute sehen, daß ihr zu mir gehört.
Die Lakaien. Ja, gnädiger Herr.
Jourdain. Holt mir die Nicole, ich habe ihr einige Befehle zu erteilen ... Laßt nur – da kommt sie schon. *(Nicole tritt auf.)* Nicole!
Nicole. Zu dienen.
Jourdain. Paß auf.
Nicole *(grinst)*. Hi, hi, hi, hi!
Jourdain. Was soll das Gefeixe?
Nicole. Hi, hi, hi, hi, hi!
Jourdain. Was fällt der Närrin ein?
Nicole. Hi, hi, hi! Wie Sie ausstaffiert sind! Hi, hi, hi!
Jourdain. Was sagst du?
Nicole. Ach du lieber Gott! Hi, hi, hi!
Jourdain. Bist du verrückt? Machst du dich über mich lustig?
Nicole. Nein, nein, Herr. Das würde mir leid tun. Hi, hi, hi, hi!
Jourdain. Du kriegst einen Nasenstüber, wenn du weiter so lachst.
Nicole. Herr, ich kann mich nicht beherrschen. Hi, hi, hi, hi, hi!
Jourdain. Hörst du nicht auf?
Nicole. Herr, ich bitte um Verzeihung, aber Sie sind so reizend, daß ich lachen muß. Hi, hi, hi!
Jourdain. So eine Frechheit.
Nicole. Sie sehn zu putzig aus. Hi, hi, hi!

Jourdain. Ich werde dich ...

Nicole. Ich bitte um Entschuldigung. Hi, hi, hi!

Jourdain. Wenn du noch einmal lachst, so schwöre ich dir, du kriegst eine Backpfeife, wie sie noch nie ein Mensch bezogen hat.

Nicole. Ja, Herr, es ist schon vorüber. Ich lache nicht mehr.

Jourdain. Sieh dich nur vor! Jetzt mußt du mir aber sofort ...

Nicole. Hi, hi, hi.

Jourdain. Du kehrst mir sofort ...

Nicole. Hi, hi ...

Jourdain. Du kehrst mir sofort den Saal aus und ...

Nicole. Hi, hi.

Jourdain. Immer noch?

Nicole *(fällt vor Lachen um)*. Ach, Herr, schlagen Sie mich lieber, aber lassen Sie mich nach Herzenslust lachen. Hi, hi, hi.

Jourdain. Es ist zum Verzweifeln!

Nicole. Um Gottes willen, Herr, ich flehe Sie an, lassen Sie mich lachen.

Jourdain. Wenn ich dir sage ...

Nicole. He-e-err, ich pla-pla-platze, wenn ich nicht lache. Hi, hi, hi.

Jourdain. Hat man je so ein freches Weibsstück gesehen, das mir blöd ins Gesicht lacht, statt meine Befehle entgegenzunehmen?

Nicole. Was soll ich denn tun, Herr?

Jourdain. Du sollst das Haus säubern für die Gesellschaft, die ich erwarte, du verdammtes Frauenzimmer!

Nicole *(steht auf)*. Ah, meiner Treu, nun mag ich gar nicht mehr lachen, denn alle Ihre Gesellschaften machen hier so viel Unordnung, daß dies eine Wort genügt, um mir die Laune zu verderben.

Jourdain. Soll ich deinetwegen meine Tür vor aller Welt verschließen?

Nicole. Sie sollten es wenigstens vor gewissen Leuten.

ZWEITER AUFTRITT

Die Vorigen. Frau Jourdain.

Frau Jourdain. Ha, ha! Das sind mir schöne Neuigkeiten! Was soll nun wieder dieser Aufputz, mein Herr Gemahl? Sie wollen wohl die ganze Welt vor den Kopf stoßen, wenn Sie sich so ausstaffieren lassen? Oder verlangt Sie danach, von allen ausgelacht zu werden?

Jourdain. Nur Dummköpfe und Närrinnen werden sich über mich lustig machen, Madame.

Frau Jourdain. Wahrhaftig, man tut das nicht erst seit heute. Schon lange lacht die ganze Welt über Ihre Faxen.

Jourdain. Wer ist diese ganze Welt?

Frau Jourdain. Diese Welt ist eine Welt, die Verstand hat und klüger ist als Sie. Ich für meine Person bin empört über das Leben, das Sie jetzt führen. Ich erkenne unser Haus nicht wieder. Es ist, als wäre hier jeden Tag Karneval. Vom frühen Morgen an, als fürchte man etwas zu versäumen, geht der Radau mit den Geigern und Sängern los. Die ganze Nachbarschaft ist schon aufgebracht.

Nicole. Madame hat ganz recht. Ich kann das Haus nicht mehr sauberhalten bei den vielen Leuten, die hier ein und aus gehen. Die haben Füße, die den ganzen Dreck aus allen Stadtvierteln zusammenkratzen, um ihn hierher zu schleppen. Die arme Françoise ist ganz marode von dem ewigen Aufwaschen der Fußböden, die Ihre feinen Lehrer tagaus tagein verschmutzen.

Jourdain. Na, meine liebe Nicole, für ein Bauerntrampel hast du ja ein sehr gewandtes Maulwerk.

Frau Jourdain. Nicole hat ganz recht. Sie ist viel vernünftiger als mein Herr Gemahl. Ich möchte wissen, was Sie in Ihrem Alter noch mit einem Tanzmeister anfangen wollen.

Nicole. Und mit diesem Ungetüm von Fechtmeister, bei dessen Tritten das ganze Haus wackelt und die Steinfliesen im Flur locker werden.

Jourdain. Jetzt seid mir beide still, Herrin wie Dienerin.

Frau Jourdain. Wollen Sie tanzen lernen für die Zeit, wo die Beine nicht mehr parieren?

Nicole. Gedenken Sie jemand umzubringen?

Jourdain. Schweigt, sag ich. Ihr versteht alle beide nichts. Ihr wißt ja meine Gründe nicht.

Frau Jourdain. Sie sollten lieber daran denken, Ihre Tochter zu verheiraten. Sie ist jetzt in dem Alter.

Jourdain. Ich werde an die Heirat meiner Tochter denken, wenn sich eine passende Partie bietet. Ich muß aber auch daran denken, nützliche Dinge zu lernen.

Nicole. Ich habe gehört, Madame, daß er heute noch einen Philosophen hat kommen lassen, um die Suppe zu würzen.

Jourdain. Ei freilich. Ich muß Geist haben, ich muß mich mit vornehmen Leuten unterhalten können.

Frau Jourdain. Wollen Sie nicht, so alt wie Sie sind, nächstens noch in die Schule gehen, um sich da prügeln zu lassen?

Jourdain. Warum nicht? Wenn es doch dem lieben Gott gefiele, daß ich sofort, vor aller Welt, Prügel kriegte, dann aber auch alles wüßte, was man in der Schule lernt.

Nicole. Wahrhaftig, das würde Ihnen schon Beine machen.

Jourdain. Ganz sicher.

Frau Jourdain. Und das alles soll nötig sein, um Ihr Haus gut zu verwalten?

Jourdain. Selbstverständlich. Ihr redet alle beide wie das dumme Vieh. Man muß sich eurer Unwissenheit schämen. *(Zur Frau.)* Wissen Sie zum Beispiel, was Sie jetzt sprechen?

Frau Jourdain. Ja, ich weiß, daß alles ganz richtig ist, was ich sage, und daß Sie daran denken sollten, zu leben wie ein vernünftiger Mensch.

Jourdain. Das meine ich nicht. Ich frage Sie, was die Worte sind, die Sie jetzt sprechen?

Frau Jourdain. Es sind sehr gescheite Worte. Ihr Benehmen aber ist es ganz und gar nicht.

Jourdain. Davon rede ich nicht. Ich frage Sie: was ich jetzt mit Ihnen rede, was ich in diesem Augenblick zu Ihnen sage – was ist das?

Frau Jourdain. Blödsinn.

Jourdain. Nicht doch! Das meine ich nicht. Was wir beide jetzt sprechen, die Sprache, die wir in diesem Augenblick reden?

Frau Jourdain. Wie?

Jourdain. Wie nennt man das?

Frau Jourdain. Man kann es nennen, wie man will.

Jourdain. Prosa ist es, Ignorantin!

Frau Jourdain. Prosa?

Jourdain. Ja, Prosa. Alles, was keine Verse sind, ist Prosa, und alles, was keine Prosa ist, sind Verse. Haha! So was muß man studiert haben! *(Zu Nicole.)* Und du – weißt du, wie man ein U ausspricht?

Nicole. Wie?

Jourdain. Was machst du, wenn du U sagst?

Nicole. Was?

Jourdain. Sag mal U, damit es dir klar wird.

Nicole. Gerne. U!

Jourdain. Was machst du da?

Nicole. Ich sage U.

Jourdain. Ja, aber wenn du U sagst, was machst du dabei?

Nicole. Ich mache, was Sie mir befehlen.

Jourdain. Furchtbar, sich mit solchen Idioten plagen zu müssen! Du ziehst die Lippen lang und näherst den Oberkiefer dem Unterkiefer, so! U! Siehst du? Ich mache ein schiefes Maul: U!

Nicole. Oh, das ist schön!

Frau Jourdain. Bewundernswert!

Jourdain. Und das ist wieder ganz anders, wenn man O sagen will oder Da, da oder Fa, fa.

Frau Jourdain. Und was soll all dieser Blödsinn?

Nicole. Wozu kann uns das verhelfen?

Jourdain. Es ist zum Verzweifeln mit diesen dummen Weibern!

Frau Jourdain. Sie sollten all diesen Leuten mit diesen Narrenspossen die Tür weisen.

Nicole. Vor allem dem langen Kerl, dem Waffenmeister, der mir das ganze Haus verdreckt.

Jourdain. Was? Der Waffenmeister bringt dich so in Wut? Du sollst deine Frechheit gleich büßen! *(Auf einen Wink von ihm reicht ihm ein Lakai die Rapiere, er gibt Nicole eines davon.)* Da, paß jetzt auf, halt dich grade! Wenn man eine Quart schlägt, hat man so zu machen, und wenn eine Terz, dann so! Das ist das Mittel, nie geschlagen zu werden – und ist das nicht schön, seines Lebens sicher zu sein, wenn man sich mit jemand schlägt? Los, wollen wir mal sehen, schlag zu!

Nicole. Kann mir recht sein! *(Versetzt ihm ein paar Hiebe.)*

Jourdain. Hallo! Sachte! Reitet dich der Teufel, du Närrin?

Nicole. Sie sagen doch, ich soll zustoßen.

Jourdain. Ja, aber du schlägst die Terz vor der Quart und hast keine Geduld, abzuwarten, bis ich pariere.

Frau Jourdain. Sie sind verrückt, mein Herr Gemahl, mit Ihren Phantasien. Und das alles, seit Sie nur noch darauf bedacht sind, mit Leuten von Adel zu verkehren.

Jourdain. Wenn ich mit Edelleuten verkehre, so beweist das nur, daß ich Verstand habe. Und jedenfalls ist das schöner, als sich mit Ihren Bürgersleuten abzugeben.

Frau Jourdain. Wahrhaftig! Es lohnt sich, mit Ihren Edelleuten umzugehen, und Sie haben viel profitiert durch den Verkehr mit diesem famosen Herrn Grafen, in den Sie ganz verliebt sind!

Jourdain. Genug! Überlegen Sie, ehe Sie reden! Wissen Sie denn, Madame, daß Sie gar nicht wissen, von wem Sie reden, wenn Sie von ihm reden? Das ist ein Mann von einer Bedeutung, die Sie sich gar nicht vorstellen können, ein Mann, den man bei Hof hochschätzt, der mit dem König so spricht wie ich hier mit Ihnen! Ist es nicht eine große Ehre für mich, wenn man eine so hohe Person so häufig zu mir kommen sieht, einen Mann, der mich seinen lieben Freund nennt und mich behandelt, als wäre ich seinesgleichen? Er ist zu mir von einer Güte, die sich gar nicht beschreiben läßt, und von einer Zärtlichkeit, die mich geradezu verlegen macht.

Frau Jourdain. Jawohl! Er ist gütig und zärtlich zu Ihnen und zieht Ihnen das Geld aus der Tasche.

Jourdain. Und ist es nicht eine Ehre, einem Mann von so hohem Rang Geld leihen zu dürfen? Und was kann ich mehr tun für einen Herrn, der mich seinen lieben Freund nennt?

Frau Jourdain. Und was tut dieser Herr für Sie?

Jourdain. Dinge, über die man staunen würde, wenn man sie wüßte.

Frau Jourdain. Nämlich?

Jourdain. Schluß! Ich kann mich darüber nicht auslassen. Wenn ich ihm Geld geliehen habe, so wird er es mir zurückgeben, und zwar in ganz kurzer Zeit.

Frau Jourdain. Ja, warten Sie nur.

Jourdain. Gewiß. Hat er's mir nicht versprochen?

Frau Jourdain. Ja, ja, er wird schon nicht ermangeln, es zu vergessen.

Jourdain. Er hat es bei seiner Ehre als Edelmann geschworen.

Frau Jourdain. Dummes Zeug!

Jourdain. Mein Gott, Frau, sind Sie eigensinnig! Ich sag's Ihnen doch: er hält sein Wort. Ich bin dessen ganz sicher.

Frau Jourdain. Und ich bin ebenso sicher, daß er es nicht hält und daß all seine Liebenswürdigkeit Sie nur kirre machen soll.

Jourdain. Schweigen Sie! Da kommt er.

Frau Jourdain. Der hat uns grade noch gefehlt. Vielleicht will er Sie wieder anpumpen. Wenn ich ihn bloß sehe, vergeht mir schon der Appetit.

Jourdain. Schweigen Sie, sag ich Ihnen!

DRITTER AUFTRITT

Die Vorigen. Dorante.

Dorante. Mein lieber Freund, Herr Jourdain, wie geht es Ihnen?

Jourdain. Sehr gut, mein Herr, und stets zu Ihren Diensten.

Dorante. Und Madame Jourdain – wie geht es ihr?

Frau Jourdain. Madame Jourdain geht es so, wie es ihr gehen kann.

Dorante. Was seh ich, Herr Jourdain! Sie sind ja hochelegant gekleidet!

Jourdain. Allerdings.

Dorante. Sie machen sich vortrefflich in diesem Gewand. Wir haben keine jungen Leute bei Hofe, die besser aussehen als Sie.

Jourdain. Oh, oh!

Frau Jourdain *(für sich)*. Er kratzt ihn da, wo es ihn juckt.

Dorante. Drehen Sie sich mal um! Ganz ausgezeichnet!

Frau Jourdain *(für sich)*. Jawohl, von hinten grad so blöde wie von vorn.

Dorante. Meiner Treu, Herr Jourdain, ich konnte es gar nicht erwarten, Sie zu sehen. Sie sind der Mann, den ich auf dieser Welt am höchsten schätze, und ich habe noch heute früh in den Gemächern des Königs von Ihnen gesprochen.

Jourdain. Sie erweisen mir zu viel Ehre, Herr! *(Zu Frau Jourdain.)* In den Gemächern des Königs!

Dorante. Bitte, bedecken Sie sich.

Jourdain. Mein Herr, ich weiß, was ich Ihnen an Respekt schuldig bin.

Dorante. Mein Gott! So bedecken Sie sich doch! Was sollen diese Zeremonien zwischen uns!

Jourdain. Mein Herr ...

Dorante. Herr Jourdain, ich sag Ihnen, bedecken Sie sich. Sie sind mein Freund.

Jourdain. Mein Herr, ich bin Ihr Diener.

Dorante. Ich setze meinen Hut nicht auf, wenn Sie es nicht tun.

Jourdain *(bedeckt sich)*. Ich will lieber unhöflich als lästig sein.

Dorante. Ich bin, wie Sie wissen, Ihr Schuldner.

Frau Jourdain *(für sich)*. Ja, das wissen wir ganz genau.

Dorante. Sie haben mir in großmütigster Weise mehrmals Geld geliehen und haben mich dadurch zu allergrößtem Dank verpflichtet.

Jourdain. Mein Herr, Sie scherzen.

Dorante. Ich weiß aber zurückzugeben, was man mir geliehen hat, und mich für die Freude, die man mir gemacht hat, erkenntlich zu zeigen.

Jourdain. Ich zweifle nicht daran, mein Herr.

Dorante. Ich will jetzt reinen Tisch machen. Ich bin gekommen, um mit Ihnen abzurechnen.

Jourdain *(zu seiner Frau)*. Sehen Sie Ihre Frechheit nun ein?

Dorante. Ich bin ein Mann, der es liebt, seine Schulden möglichst schnell zu liquidieren.

Jourdain *(zu seiner Frau)*. Hab ich's nicht gesagt?

Dorante. Sehen wir einmal zu, was ich Ihnen schulde.

Jourdain *(leise zu seiner Frau)*. Na also! Sie mit Ihrem lächerlichen Argwohn!

Dorante. Erinnern Sie sich genau, wieviel Sie mir geliehen haben?

Jourdain. Ich glaube ja. Hier habe ich es mir notiert. Das erste Mal gab ich Ihnen 200 Louis.

Dorante. Stimmt.

Jourdain. Danach einhundertzwanzig.

Dorante. Ganz recht.

Jourdain. Und nochmals einhundertundvierzig.

Dorante. Jawohl.

Jourdain. Diese drei Beträge machen zusammen 460 Louis, das sind 5060 Livres.

Dorante. Die Rechnung stimmt. 5060 Livres.

Jourdain. Ferner 1832 Livres an Ihren Hutmacher.

Dorante. Richtig.

Jourdain. 2780 Livres an den Schneider.

Dorante. Ja.

Jourdain. 4379 Livres, 12 Sous, 8 Heller an den Kaufmann.

Dorante. Richtig. 12 Sous, 8 Heller. Stimmt genau.

Jourdain. Und 1748 Livres, 7 Sous, 4 Heller an den Sattler.

Dorante. Alles in Ordnung. Und was macht das zusammen?

Jourdain. Summa summarum 15 800 Livres.

Dorante. Ganz genau. 15 800 Livres. Haben Sie die Güte, mir noch 200 Pistolen zu geben, so macht das insgesamt 18 000 Franken, die ich Ihnen in kürzester Zeit zurückzahle.

Frau Jourdain *(leise zu ihrem Mann)*. Nun, hab ich's nicht vorausgesagt?

Jourdain *(leise)*. Still!

Dorante. Macht es Ihnen Schwierigkeiten, mir den Betrag vorzuschießen?

Jourdain. Oh, keineswegs!

Frau Jourdain *(leise zu Jourdain)*. Der Mann macht Sie zur melkenden Kuh!

Jourdain *(leise)*. Schweigen Sie!

Dorante. Wenn es Sie geniert, versuche ich's anderweitig.

Jourdain. Nein, nein, Herr.

Frau Jourdain *(leise)*. Er kommt nicht eher zur Ruhe, als bis er Sie ruiniert hat.

Jourdain *(leise)*. So seien Sie doch still!

Dorante. Sie brauchen es mir nur zu sagen, wenn Sie Bedenken haben.

Jourdain. Aber ganz und gar nicht.

Frau Jourdain *(leise)*. Der richtige Verführer!

Jourdain *(leise)*. Schweigen Sie, sag ich!

Frau Jourdain *(leise)*. Er saugt Sie aus bis zum letzten Sou.

Jourdain *(leise)*. Wollen Sie endlich den Mund halten!

Dorante. Ich kenne eine Menge Leute, die es mir gern leihen. Da Sie aber mein bester Freund sind, glaubte ich Ihnen unrecht zu tun, wenn ich jemand anders anginge.

Jordain. Zuviel Ehre, mein Herr, zuviel Ehre. Ich bringe die Sache gleich in Ordnung.

Frau Jourdain *(leise)*. Wie? Sie wollen ihm noch mehr geben?

Jourdain *(leise)*. Was denn sonst? Kann ich einen Mann von so hoher Stellung abweisen, der noch heute früh von mir im Gemach des Königs gesprochen hat?

Frau Jourdain *(leise)*. Gehn Sie nur, Sie leichtgläubiger alter Narr!

(Jourdain ab.)

VIERTER AUFTRITT

Die Vorigen ohne Jourdain.

Dorante. Sie schauen so traurig drein. Was fehlt Ihnen, Frau Jourdain?

Frau Jourdain. Mir fehlt nichts als jemand, der gewissen Leuten den Kopf zurechtsetzt.

Dorante. Und Ihr Fräulein Tochter – wo ist sie denn? Ich sehe sie gar nicht.

Frau Jourdain. Sie ist da, wo sie ist, ganz gut untergebracht.

Dorante. Wie geht es ihr denn?

Frau Jourdain. Es geht halt immer noch auf zwei Beinen.

Dorante. Wollen Sie sich nicht in diesen Tagen das Ballett und die Komödie anschauen, die am königlichen Hofe aufgeführt werden?

Frau Jourdain. Wahrhaftig, wir haben Grund genug zum Lachen, Grund genug.

Dorante. Ich glaube, Frau Jourdain, Sie müssen in jungen Jahren viel Verehrer gehabt haben, schön und liebenswürdig wie Sie waren.

Frau Jourdain. Erlauben Sie, mein Herr! Finden Sie Frau Jourdain etwa schon ganz verlebt? Wackelt ihr Kopf schon?

Dorante. Ah, Frau Jourdain, ich bitte vielmals um Entschuldigung! Ich hatte nicht daran gedacht, daß Sie noch jung sind. Ich bin ja so furchtbar zerstreut. Verzeihen Sie mir meine Unhöflichkeit.

FÜNFTER AUFTRITT

Die Vorigen. Jourdain.

Jourdain *(zu Dorante).* Hier sind 200 Louis abgezählt.

Dorante. Ich versichere Sie, Herr Jourdain, daß ich ganz zu Ihrer Verfügung stehe und daß ich darauf brenne, Ihnen einen Dienst bei Hofe zu erweisen.

Jourdain. Ich bin Ihnen sehr verpflichtet.

Dorante. Wenn Frau Jourdain die Aufführung beim König zu sehen wünscht, könnte ich ihr die besten Plätze im Saal verschaffen.

Frau Jourdain. Frau Jourdain küßt Ihnen die Hand.

Dorante *(leise zu Jourdain).* Wie ich Ihnen in meinem Briefchen schon angekündigt, kommt unsere schöne Marquise gleich hierher zum Ballett und zum Essen, und ich habe sie endlich überredet, das Geschenk anzunehmen, das Sie ihr zugedacht haben.

Jourdain. Gehen wir etwas beiseite.

Dorante. Ich habe Sie acht Tage lang nicht gesehen und konnte Ihnen nichts Neues berichten über den Diamant, den Sie mir eingehändigt hatten, damit ich ihn in Ihrem Namen der Marquise verehre. Das kam aber nur daher, weil es mir unglaubliche Mühe kostete, die Bedenken der Dame zu überwinden. Erst heute hat sie sich entschlossen, das Geschenk anzunehmen.

Jourdain. Wie findet sie es denn?

Dorante. Wunderbar. Ich müßte mich sehr irren, wenn die Schönheit dieses Diamanten ihr Herz nicht ganz für Sie gewonnen hätte.

Jourdain. Der Himmel gebe es!

Frau Jourdain *(leise zu Nicole).* Wenn er erst einmal mit ihm zusammen ist, kommt er von ihm nicht mehr los.

Dorante. Ich habe sie den Wert dieses Geschenkes und die Größe Ihrer Liebe schätzen gelehrt.

Jourdain. Ihre Güte, mein Herr, überwältigt mich. Ich bin in größter Verlegenheit, da ich sehe, wie ein

Mann von Ihrer Bedeutung sich herabläßt, so viel für mich zu tun wie Sie.

Dorante. Sie scherzen! Ist es unter Freunden Brauch, solche Bedenken zu hegen? Und würden Sie für mich nicht ebensoviel tun, wenn sich eine Gelegenheit böte?

Jourdain. O gewiß! Und von ganzem Herzen.

Frau Jourdain *(zu Nicole).* Wie lästig mir seine Gegenwart ist!

Dorante. Ich für meine Person bin zu allem bereit, wenn es gilt, einem Freund zu dienen. Nun Sie mir gestanden haben, welch heiße Glut die liebenswürdige Marquise, mit der ich gut bekannt bin, in Ihnen entfacht hat, sehen Sie, wie ich ohne weiteres mich hergebe, Ihrer Liebe behilflich zu sein.

Jourdain. Das ist wahr. Ihre Güte beschämt mich.

Frau Jourdain *(zu Nicole).* Wird er nicht endlich gehen?

Nicole. Sie passen gut zueinander.

Dorante. Sie haben den richtigen Weg gefunden, ihr Herz zu rühren. Die Frauen haben es gern, wenn wir uns für sie in Ausgaben stürzen. Ihre häufigen Serenaden, Ihre wiederholten Blumenspenden, dies prächtige Feuerwerk auf dem Wasser, der Diamant, den Sie ihr geschickt haben, und das Geschenk, das Sie für sie vorbereitet haben – das alles spricht mehr zugunsten Ihrer Liebe als alle Worte, die Sie ihr sagen könnten.

Jourdain. Ich scheue keine Kosten, wenn es gilt, den Weg zu ihrem Herzen zu finden. Eine Frau von Adel hat für mich einen zauberhaften Reiz. Das ist eine Ehre, die ich um jeden Preis gewinnen will.

Frau Jourdain *(zu Nicole).* Was reden die bloß miteinander? Geh ganz sachte ein bißchen näher und horche.

Dorante. Die Freude ihres Anblicks wird Ihnen alsbald zuteil werden, und Sie werden Zeit genug haben, Ihre Augen zu weiden.

Jourdain. Um ganz ungestört zu sein, habe ich verfügt, daß meine Frau bei ihrer Schwester speist. Und da soll sie auch den ganzen Nachmittag bleiben.

Dorante. Da haben Sie ganz recht getan. Ihre Frau

wäre uns nur im Wege. Ich habe für Sie dem Koch die nötigen Anweisungen gegeben und auch für alles gesorgt, was zum Ballett gehört. Es ist meine Schöpfung, und wenn die Ausführung der Idee entspricht, dann bin ich sicher, daß ...

Jourdain *(hat bemerkt, daß Nicole horcht, und gibt ihr eine Ohrfeige)*. Holla! Das nenn ich Frechheit! *(Zu Dorante.)* Gehen wir hinaus.

(Ab mit Dorante.)

SECHSTER AUFTRITT

Frau Jourdain. Nicole.

Nicole. Fürwahr, Madame, meine Neugier hat mich was gekostet! Aber ich glaube, da ist eine Schlange unter den Steinen versteckt. Sie reden von Dingen, die sie vor Ihnen geheimhalten möchten.

Frau Jourdain. Ich habe nicht erst heute Verdacht gegen meinen Mann geschöpft, Nicole. Ich müßte mich sehr täuschen, wenn er nicht irgendwo auswärts eine Liebschaft hätte, und ich bin eifrig bemüht dahinterzukommen. Doch reden wir von meiner Tochter. Du weißt, daß Cleonte sie liebt, und er ist ein Mann nach meinem Herzen. Ich will seine Werbung unterstützen und ihm, wenn möglich, Lucile zur Frau geben.

Nicole. Meiner Treu, Madame, ich bin entzückt, daß Sie so denken, denn wenn der Herr Ihnen gefällt, so gefällt mir der Diener nicht minder, und ich hoffe, daß unsere Hochzeit im Anschluß an die der Herrschaft stattfinden kann.

Frau Jourdain. Geh gleich zu ihm und sag ihm in meinem Auftrag, er solle sofort zu mir kommen, damit wir zusammen meinen Mann um die Hand meiner Tochter bitten können.

Nicole. Das tu ich mit Freuden, Madame, Sie hätten mir keinen angenehmeren Auftrag geben können. *(Frau Jourdain ab.)* Ich glaube, sie werden sich auch alle freuen.

SIEBENTER AUFTRITT

Nicole. Cleonte. Covielle.

Nicole *(zu Cleonte).* Ah, Sie kommen grade recht. Ich bringe Ihnen eine Freudenbotschaft, und ich glaube ...

Cleonte. Hinweg, du schändliches Frauenzimmer, du wirst mich mit deinen Lügen nicht betören.

Nicole. So empfangen Sie ...

Cleonte. Geh, sag ich, und erkläre deiner ungetreuen Herrin, es werde ihr nie gelingen, den einfältigen Cleonte zu täuschen.

Nicole. Was ist in Sie gefahren? Lieber Covielle, sag mir doch, was das bedeutet.

Covielle. Ich bin nicht dein lieber Covielle, du Verbrecherin! Geh, schnell, aus meinen Augen, laß mich in Ruhe!

Nicole. Wie? Auch du ...

Covielle. Aus meinen Augen, sag ich, und wag es nie mehr, mich anzureden.

Nicole *(für sich).* Mein Gott! Was für eine böse Fliege hat die beiden gestochen? Ich muß sofort zu meiner Herrin, ihr die schöne Geschichte erzählen. *(Ab.)*

ACHTER AUFTRITT

Cleonte. Covielle.

Cleonte. Was? Einen Liebenden so behandeln? Und noch dazu den treuesten und leidenschaftlichsten aller Liebenden!

Covielle. Es ist empörend, uns beiden so etwas anzutun!

Cleonte. Ich bringe dem Mädchen die ganze Glut, die ganze Zärtlichkeit entgegen, die man sich nur vorstellen kann; ich liebe nichts auf der Welt als nur sie, ich habe nichts im Sinn als nur sie; sie ist meine ganze Sorge, meine ganze Freude, das Ziel all meiner Wünsche; ich rede nur von ihr, ich denke nur an sie, ich träume nur von ihr, ich atme nur für sie, mein Herz findet alles bei ihr – und das ist der würdige Lohn für so viel Hingabe! Ich habe sie zwei Tage nicht gesehen, zwei Tage, die für mich zwei entsetzliche Jahrhunderte bedeuten; ich treffe sie zufällig, mein Herz flammt auf bei ihrem Anblick, meine Freude leuchtet auf meinem ganzen Gesicht, ich eile ihr entzückt entgegen, und die Ungetreue wendet den Blick von mir ab, geht hochmütig an mir vorüber, als wenn sie mich nie in ihrem Leben gesehen hätte.

Covielle. Ich kann von mir dasselbe sagen.

Cleonte. Covielle, gibt es etwas, was der Perfidie der undankbaren Lucile gleichkäme?

Covielle. Und der der schändlichen Nicole?

Cleonte. Nach so viel heißen Schwüren, Seufzern, Opfern, die ich ihren Reizen dargebracht habe!

Covielle. Nach so viel Huldigungen, so viel Eifer, so vielen Diensten, die ich ihr in ihrer Küche erwiesen habe!

Cleonte. Wieviel Tränen habe ich zu ihren Füßen vergossen!

Covielle. Wieviel Eimer Wasser habe ich für sie aus dem Brunnen geschöpft!

Cleonte. Mit wieviel Feuer habe ich sie spüren lassen, daß sie mir teurer ist als mein Leben!

Covielle. Wieviel Hitze hab ich ertragen müssen, wenn ich den Bratspieß für sie drehte!

Cleonte. Sie flieht mich mit Verachtung.

Covielle. Sie kehrt mir frech den Rücken.

Cleonte. Diese Perfidie verdient streng bestraft zu werden.

Covielle. Dieser Verrat verdient tausend Backpfeifen!

Cleonte. Wag es nicht, bitte ich, mir noch von ihr zu sprechen.

Covielle. Ich? Da sei Gott vor!

Cleonte. Laß dir nicht einfallen, die Undankbare entschuldigen zu wollen.

Covielle. Seien Sie unbesorgt.

Cleonte. Nein, nein, all deine Versuche, sie zu verteidigen, sind zwecklos.

Covielle. Wer denkt denn an so was?

Cleonte. Ich will meinen Zorn gegen sie mir bewahren und zugleich jeden Verkehr mit ihr abbrechen.

Covielle. Ganz meine Meinung.

Cleonte. Dieser Herr Graf, der sie besucht, hat ihr wohl in die Augen gestochen; sie hat sich, seh ich wohl, durch seinen Adel betören lassen. Ich muß aber um meiner Ehre willen ihrem Treubruch zuvorkommen. Ich will in der gleichen Richtung vorwärts gehen wie sie, ich laß ihr den Ruhm nicht, mit mir gebrochen zu haben.

Covielle. Schön gesagt. Ich teile Ihre Gefühle voll und ganz.

Cleonte. Bestärke mich in meinem Entschluß, hilf mir den Rest von Liebe überwinden, der noch für sie sprechen könnte. Ich flehe dich an, sag mir über sie alles Schlimme, was du aufbringen kannst. Entwirf mir ein Bild von ihr, das sie mir verächtlich macht, und zeige mir, um mich zu ernüchtern, alle Fehler, die du an ihr finden kannst.

Covielle. An ihr, Herr? Dieses aufgeputzte Äffchen, diese niedliche Zierpuppe sollte so viel Liebe wert sein? Ich finde sie höchst mittelmäßig, und Sie können hundert finden, die Ihrer würdiger sind als diese. Zum ersten: sie hat kleine Augen.

Cleonte. Das ist wahr, die Augen sind klein, aber sie sind voll Feuer, so strahlend, so durchdringend, so süß wie kein anderes Augenpaar in der Welt.

Covielle. Der Mund ist zu groß.

Cleonte. Ja. Aber um diesen Mund spielt ein Liebreiz wie um keinen andern. Dieser Mund weckt unser Verlangen; es ist der verführerischeste, der holdeste Mund auf der ganzen Welt.

Covielle. Nun die Gestalt. Sie ist nicht groß.

Cleonte. Nein, aber sie ist graziös und wohlproportioniert.

Covielle. Sie hat so eine affektierte Nachlässigkeit in ihrem Reden und Benehmen.

Cleonte. Gewiß. Aber sie macht alles mit Grazie. Ihre Manieren haben etwas Einschmeichelndes; es steckt irgendein Reiz in ihnen, der die Herzen gewinnt.

Covielle. Und ihr Verstand ...

Cleonte. Oh, den hat sie, Covielle, einen sehr feinen, sehr delikaten.

Covielle. Ihr Gespräch ...

Cleonte. Ist immer fesselnd.

Covielle. Sie ist immer ernst.

Cleonte. Schwärmst du für die immer Vergnügten, immer Freudestrahlenden? Kennst du etwas Widerlicheres als Weiber, die bei jeder Gelegenheit lachen?

Covielle. Na, und endlich ist sie launenhaft wie keine andere auf der Welt.

Cleonte. Ja, sie ist launenhaft, das geb ich zu. Aber einer schönen Frau steht alles gut zu Gesicht, von einer Schönen erträgt man alles.

Covielle. Liegen die Dinge so? Dann, seh ich wohl, haben Sie die Absicht, sie in alle Ewigkeit zu lieben.

Cleonte. Nein, eher sterben! Ich will sie ebenso glühend hassen, wie ich sie bisher geliebt habe.

Covielle. Wie wollen Sie das anfangen, wenn Sie sie so vollkommen finden?

Cleonte. Eben dadurch wird meine Rache viel wirksamer, so kann ich die Fähigkeit meines Herzens zu hassen viel deutlicher zeigen, wenn ich sie verlasse, so schön, so reizend, so liebenswert, wie sie ist. Da kommt sie.

NEUNTER AUFTRITT

Die Vorigen. Lucile. Nicole.

Nicole *(zu Lucile)*. Ich wenigstens war tief entrüstet.

Lucile. Das kann nicht sein, Nicole, sag ich dir. Doch da ist er.

Cleonte *(zu Covielle)*. Ich will nicht mit ihr sprechen.

Covielle. Ich folge Ihrem Beispiel.

Lucile. Was gibt's, Cleonte? Was haben Sie?

Nicole. Was hast du, Covielle?

Lucile. Was hat Ihren Zorn erregt?

Nicole. Was hat dir die Laune verdorben?

Lucile. Sind Sie stumm, Cleonte?
Nicole. Hast du die Sprache verloren, Covielle?
Cleonte. Wer ist hier der Verbrecher?
Covielle. Wer hat hier die Judasseele?
Lucile. Ich sehe schon: die Begegnung vorhin hat Sie aus der Fassung gebracht.
Cleonte *(zu Covielle)*. Aha! Man wird sich seines Tuns bewußt!
Nicole. Unser Verhalten heute früh ist dir wohl in die Krone gefahren?
Covielle *(zu Cleonte)*. Da liegt der Hase im Pfeffer!
Lucile. Hab ich nicht recht, Cleonte? Das ist der Grund Ihres Ärgers?
Cleonte. Ja, Schändliche, das ist es, wenn ich schon davon reden soll! Aber ich sage Ihnen: Sie werden mit Ihrer Untreue nicht triumphieren, wie Sie sich einbilden! Ich breche zuerst mit Ihnen. Sie dürfen sich nicht rühmen, mich davongejagt zu haben. Gewiß, es wird mir schwerfallen, meine Liebe zu Ihnen zu überwinden; es wird mir weh tun, ich werde eine Zeitlang zu leiden haben. Aber ich werde mein Ziel erreichen! Eher durchbohr ich mein Herz, als daß ich der Schwäche nachgebe und zu Ihnen zurückkehre.
Covielle *(zu Nicole)*. So recht! So ist es!
Lucile. So viel Lärm um nichts! Ich will Ihnen sagen, Cleonte, warum ich Ihnen heute früh aus dem Wege ging.
Cleonte *(sich von ihr abwendend)*. Ich will nichts hören!
Nicole *(zu Covielle)*. Du sollst den Grund hören, der uns heute so schnell gehen ließ.
Covielle *(sich abwendend)*. Ich will nichts hören.
Lucile *(hinter Cleonte her)*. Heute früh nämlich ...
Cleonte *(weiter ausweichend, ohne sie anzusehen)*. Nein, sag ich.
Nicole *(hinter Covielle her)*. Du mußt wissen ...
Covielle *(wie Cleonte)*. Nein, Verräterin!
Lucile. So hören Sie doch ...
Cleonte. Kein Wort!
Nicole. Laß mich doch reden.

Covielle. Ich bin taub.
Lucile. Cleonte!
Cleonte. Nein!
Nicole. Covielle!
Covielle. Nein!
Lucile. Warten Sie doch.
Cleonte. Leere Ausreden!
Nicole. Hör mich an!
Covielle. Dummes Zeug!
Lucile. Einen Augenblick!
Cleonte. Nichts dergleichen!
Nicole. Ein bißchen Geduld!
Covielle. Papperlapapp!
Lucile. Zwei Worte.
Cleonte. Nein, es ist aus.
Nicole. Ein Wort!
Covielle. Schluß für alle Zeit!

Lucile *(stehenbleibend)*. Gut, wenn Sie mich nicht hören wollen, dann bleiben Sie nur bei Ihren Entschlüssen, und machen Sie, was Sie wollen.

Nicole *(ebenfalls stehenbleibend)*. Wenn du dich so benimmst, magst du deinen Willen haben.

Cleonte *(sich zu Lucile umwendend)*. So lassen Sie uns den Grund Ihres freundlichen Empfangs wissen.

Lucile *(sich von ihm abwendend)*. Ich habe keine Lust mehr, ihn mitzuteilen.

Covielle *(zu Nicole gewandt)*. Klär mich ein wenig über die Geschichte auf.

Nicole *(sich abwendend)*. Ich mag dir keine Erklärungen mehr abgeben.

Cleonte *(hinter Lucile her)*. Sagen Sie mir ...

Lucile *(ihm ausweichend, ohne ihn anzusehen)*. Nein, ich sage nichts mehr.

Covielle *(hinter Nicole)*. Erzähle mir ...
Nicole *(wie Lucile)*. Ich erzähle nichts.
Cleonte. Gnade!
Lucile. Nein, sag ich.
Covielle. Erbarmen!
Nicole. Nichts dergleichen.
Cleonte. Ich bitte Sie!

Lucile. Lassen Sie mich in Ruhe.
Covielle. Ich beschwöre dich!
Nicole. Scher dich weg!
Cleonte. Lucile!
Lucile. Nein.
Covielle. Nicole!
Nicole. Nie!
Cleonte. Um Gottes willen!
Lucile. Ich will nicht.
Covielle. So sag doch etwas.
Nicole. Kein Wort.
Cleonte. Zerstreuen Sie meine Zweifel.
Lucile. Das tu ich nicht.
Covielle. Bring mich zur Vernunft.
Nicole. Das paßt mir nicht.
Cleonte. Wohlan denn, da Ihnen so wenig dran liegt, mir aus der Not zu helfen und Ihr unwürdiges Verhalten gegenüber meiner Leidenschaft zu rechtfertigen, haben Sie Undankbare mich jetzt zum letzten Mal gesehen. Ich gehe, fern von Ihnen vor Liebe und Schmerz zu sterben.
Covielle *(zu Nicole)*. Und ich folge seinen Schritten.
Lucile *(zu Cleonte, der hinausgehen will)*. Cleonte!
Nicole *(zu Covielle, der seinem Herrn folgt)*. Covielle!
Cleonte *(bleibt stehen)*. Ja?
Covielle *(ebenfalls stehenbleibend)*. Wie beliebt?
Lucile. Wo gehen Sie hin?
Cleonte. Ich hab's Ihnen schon gesagt.
Covielle. Wir gehen sterben.
Lucile. Sie wollen sterben, Cleonte?
Cleonte. Ja, weil Sie Grausame es wünschen.
Lucile. Ich wünsche Ihren Tod?
Cleonte. Ja, das wünschen Sie.
Lucile. Wer hat Ihnen das gesagt?
Cleonte. Heißt das nicht meinen Untergang wünschen, wenn Sie meinen Argwohn nicht zerstreuen wollen?
Lucile. Ist es meine Schuld? Wenn Sie mich hätten anhören wollen, hätte ich Ihnen gesagt, daß der Zwi-

schenfall, über den Sie sich beklagen, heute früh sich durch die Gegenwart einer alten Tante erklärt, die steif und fest behauptet, die bloße Annäherung eines Mannes entehre ein Mädchen bereits, die uns dauernd Predigten darüber hält und uns alle Männer als Teufel schildert, die man fliehen müsse.

Nicole *(zu Covielle)*. Das ist das ganze Geheimnis.

Cleonte. Täuschen Sie mich nicht, Lucile?

Covielle *(zu Nicole)*. Machst du mir nichts vor?

Lucile. Es ist die lautere Wahrheit.

Nicole *(zu Covielle)*. So und nicht anders war's.

Covielle *(zu Nicole)*. Bleibt nun alles beim alten?

Cleonte. Ach, Lucile, wie Sie mit einem Wort aus Ihrem Munde mein Herz wieder zu beruhigen wissen, und wie leicht man sich überzeugen läßt, wenn man liebt!

Covielle. Wie fix diese Teufelsbestien einen kirre machen!

ZEHNTER AUFTRITT

Die Vorigen. Frau Jourdain. Dann Jourdain.

Frau Jourdain. Es freut mich, Sie hier zu sehen, Cleonte, Sie kommen mir sehr gelegen. Mein Mann muß gleich da sein. Nehmen Sie die Gelegenheit wahr, ihn um Luciles Hand zu bitten.

Cleonte. Oh, Madame, wie lieblich klingt mir diese Rede und wie entspricht sie meinen Wünschen! Kann ich einen angenehmeren Auftrag empfangen, kann mir eine größere Gunst zuteil werden? *(Jourdain kommt. Cleonte geht auf ihn zu.)* Mein Herr, ich wollte niemand damit beauftragen, Ihnen eine Bitte vorzutragen, die mir schon lange am Herzen liegt. Sie beschäftigt mich so sehr, daß ich selbst vor Sie hinzutreten wage und Ihnen ohne Umschweife gestehe, daß die Ehre, Ihr Schwiegersohn zu werden, für mich eine unermeßliche Gunst bedeutet, die ich Sie mir zu gewähren bitte.

Jourdain. Ehe ich Ihnen Bescheid gebe, mein Herr, bitte ich, mir zu sagen, ob Sie von Adel sind.

Cleonte. Mein Herr, die meisten pflegen über diese Frage nicht lange nachzudenken; man bejaht ohne weiteres. Man eignet sich den Namen Edelmann ohne Bedenken an, und der allgemeine Brauch scheint diesen Diebstahl zu billigen. Ich muß Ihnen aber gestehen, daß ich über diesen Punkt etwas strenger denke. Ich finde, daß jede Art Anmaßung eines Ehrenmannes unwürdig ist, daß es eine Niederträchtigkeit ist, den Stand zu verleugnen, dem wir nach dem Willen des Himmels einmal angehören, sich vor den Leuten mit einem angemaßten Titel zu schmücken, sich für etwas ausgeben zu wollen, was man nicht ist. Ich stamme von Eltern, die ohne Zweifel hochangesehen waren, ich habe sechs Jahre lang in Ehren im Heere gedient, und ich bin begütert genug, um in der Welt eine ganz anständige Rolle zu spielen. Trotz alledem will ich mir keinen Namen zulegen, den andere an meiner Stelle für sich beanspruchen, und ich sage Ihnen ganz offen, daß ich nicht von Adel bin.

Jourdain. Genug, mein Herr. Meine Tochter ist nichts für Sie.

Cleonte. Wie?

Jourdain. Sie sind nicht von Adel. Sie können meine Tochter nicht bekommen.

Frau Jourdain. Was wollen Sie mit Ihrem Adel? Stammen wir etwa vom Heiligen Ludwig ab?

Jourdain. Schweigen Sie, Frau. Ich weiß, wo Sie hinauswollen.

Frau Jourdain. Sind wir nicht beide aus gutbürgerlichem Hause?

Jourdain. Das soll wohl ein Witz sein?

Frau Jourdain. War Ihr Vater nicht Kaufmann wie meiner auch?

Jourdain. Die Pest auf euch Weiber! Immer drängt ihr euch dazwischen! Wenn Ihr Vater Kaufmann war, um so schlimmer für ihn. Was den meinigen betrifft, so sind die Leute schlecht unterrichtet, die so etwas behaupten. Alles, was ich Ihnen zu sagen habe, ist, daß ich mir einen Edelmann zum Schwiegersohn wünsche.

Frau Jourdain. Ihre Tochter soll einen Mann bekommen, der zu ihr paßt. Und es ist besser für sie, wenn es ein reicher und stattlicher Ehrenmann ist als ein häßlicher Bettler von Adel.

Nicole. Das ist wahr. Der Sohn vom adeligen Gutsherrn bei uns auf dem Lande ist der größte Rüpel und Dummkopf, den ich je gesehen habe.

Jourdain. Schweig Sie, freches Frauenzimmer! Immer muß Sie sich ins Gespräch mischen. Ich gebe meiner Tochter genug mit; mir ist's nur um die Ehre. Ich will sie zur Marquise machen.

Frau Jourdain. Zur Marquise?

Jourdain. Jawohl, zur Marquise.

Frau Jourdain. O weh! Gott steh uns bei!

Jourdain. Das ist für mich beschlossene Sache.

Frau Jourdain. Zu diesem Beschluß werd ich nie ja sagen, Ehen mit Leuten aus höherem Stand als dem eigenen führen immer zu Unzuträglichkeiten. Ich will nicht, daß mein Schwiegersohn meiner Tochter ihre Eltern zum Vorwurf macht und daß ihre Kinder sich schämen, mich Großmama zu nennen. Wenn sie mich dann mal in ihrer Aufmachung als große Dame besucht und aus Versehen irgendeine Nachbarin nicht grüßt, bekomme ich sofort tausend Stichelreden zu hören. Dann heißt es: Seht doch einmal die Frau Marquise, wie die großtut! Das ist die Tochter vom Herrn Jourdain, die als kleines Mädel glücklich war, mit uns ‚gnädige Frau' zu spielen. Sie war nicht immer so aufgeblasen wie jetzt, und ihre beiden Großväter haben bei der Porte Saint-Innocent mit Tuch gehandelt. Sie haben Geld und Gut für ihre Kinder aufgehäuft, das ihnen jetzt vielleicht in der großen Welt teuer genug zu stehen kommt. Man wird auch nicht so reich, wenn man ehrlich bleiben will. Ich mag all solches Geschwätz nicht hören. Ich will, kurz gesagt, einen Schwiegersohn, der mir dankbar ist für meine Tochter und zu dem ich sagen kann: Nehmen Sie Platz, lieber Sohn, und speisen Sie mit uns.

Jourdain. Das ist so die Denkart kleiner Geister: immer in der Niedrigkeit leben wollen. Sie haben mir nicht mehr dreinzureden: meine Tochter wird Marquise, aller Welt zum Trotz, und wenn Sie mich noch mehr ärgern, dann mach ich sie zur Herzogin. *(Ab.)*

Frau Jourdain. Verlieren Sie den Mut nicht, Cleonte. *(Zu Lucile.)* Komm mit mir, mein Kind, und sag deinem Vater klipp und klar, daß, wenn du ihn nicht bekommst, du überhaupt niemanden heiraten wirst.

(Ab mit Lucile und Nicole.)

ELFTER AUFTRITT

Cleonte. Covielle.

Covielle. Sie haben viel erreicht mit Ihren edlen Gefühlen.

Cleonte. Was willst du? Mein Gewissen erlaubt mir nicht, es zu machen wie so viele andere.

Covielle. Sie scherzen wohl? Kann man denn einen Mann wie diesen ernst nehmen? Sehn Sie denn nicht, daß er verrückt ist? Was hätte es Ihnen gekostet, seinen Wahnvorstellungen etwas entgegenzukommen?

Cleonte. Du hast recht, aber ich glaubte nicht, daß man sich als adelig ausweisen müsse, um Herrn Jourdains Schwiegersohn zu werden.

Covielle *(lacht)*. Hahaha!

Cleonte. Worüber lachst du?

Covielle. Mir kommt ein Gedanke, wie wir unsern Mann zum Narren haben können und Ihnen verhelfen, das Ziel Ihrer Wünsche zu erreichen.

Cleonte. Wie das?

Covielle. Es ist ein ganz toller Einfall.

Cleonte. Und zwar?

Covielle. Es hat hier vor kurzem ein Maskenspiel gegeben, das mir ausgezeichnet zupaß kommt. Ich will es für eine Posse verwerten, die ich unserm Hansnarren vormachen will. Er wird selbst mitspielen müssen, aber mit ihm kann man ja alles wagen; da braucht man keine Umstände zu machen. Er ist der Mann dazu, seine Rolle glänzend zu spielen und auf all den

Unsinn einzugehen, den man ihm vorbringen wird. Ich habe die Schauspieler, habe die Kostüme zur Hand. Lassen Sie mich nur machen.

Cleonte. So erklär mir doch ...

Covielle. Ich will Ihnen alles berichten. Aber ziehen wir uns zurück. Da kommt Herr Jourdain wieder.

(Beide ab.)

ZWÖLFTER AUFTRITT

Jourdain. Dann ein Lakai.

Jourdain *(allein)*. Was zum Teufel soll das? Sie werfen mir immer die vornehmen Herren vor, und ich weiß doch nichts Schöneres, als mit solchen Herren zu verkehren. Man gewinnt nur Ehre und Ansehen durch sie, und ich gäbe zwei Finger meiner Hand, wenn ich als Graf oder Marquis geboren sein könnte.

Lakai *(kommt)*. Gnädiger Herr, da kommt der Herr Graf und führt eine Dame am Arm.

Jourdain. O Gott! Ich habe noch allerlei anzuordnen. Sag ihnen, ich käme sofort. *(Ab.)*

DREIZEHNTER AUFTRITT

Dorante. Dorimène. Der Lakai.

Lakai. Mein gnädiger Herr sagt, er würde sofort kommen.

Dorante. Es ist gut.

(Lakai ab.)

Dorimène. Ich weiß nicht, Dorante, ich finde es doch etwas merkwürdig, mich von Ihnen in ein Haus führen zu lassen, wo ich keinen Menschen kenne.

Dorante. Welchen Ort, Madame, könnte meine Liebe denn noch finden, Sie zu bewirten, wenn Sie aus Furcht vor dem Gerede der Leute weder Ihr Haus noch meines für geeignet halten?

Dorimène. Davon aber reden Sie nicht, daß Sie mich

von Tag zu Tag mehr verpflichten durch die übermäßigen Beweise Ihrer Zuneigung. Ich widersetze mich, so gut ich kann, aber Sie machen meine Kraft erlahmen, Sie verfügen über eine liebenswürdige Hartnäckigkeit, die mich zwingt, auf alle Ihre Wünsche einzugehen. Mit immer häufigeren Besuchen fing es an, dann kamen die Liebeserklärungen, die die Serenaden und kleinen Geschenke nach sich zogen, denen die großen Geschenke folgten. Ich habe mich alledem widersetzt, Sie aber wichen nicht zurück und wurden so nach und nach Herr über meine Entschlüsse. Und so kann ich Ihnen gar nichts mehr erwidern, und ich glaube, zu guter Letzt zwingen Sie mich noch zur Ehe, von der ich doch nichts wissen wollte.

Dorante. Meiner Treu, Madame, so weit könnten Sie eigentlich schon sein. Sie sind Witwe, hängen von niemandem ab, ich bin mein eigener Herr, ich liebe Sie mehr als mein Leben: woran liegt es, daß Sie mich bis heute noch nicht ganz glücklich machen wollen?

Dorimène. Mein Gott, Dorante, um glücklich miteinander leben zu können, müssen beide Teile ganz bestimmte Eigenschaften besitzen, und auch den zwei vernünftigsten Menschen fällt es oft schwer, einen Bund zu schließen, der beide befriedigt.

Dorante. Das kann nicht Ihr Ernst sein, Madame. Sie sehen da viel zuviel Schwierigkeiten. Die Erfahrungen, die Sie gemacht haben, berechtigen noch zu keinen Rückschlüssen auf alle andern.

Dorimène. Ich muß aber immer wieder darauf zurückkommen: die Ausgaben, in die Sie sich mir zuliebe stürzen, beunruhigen mich aus zwei Gründen: erstens verpflichten Sie mich mehr, als ich wünsche; und zweitens bin ich überzeugt – ohne daß ich Ihnen damit zu nahe treten möchte –, daß Sie sich ruinieren. Und das will ich nicht haben.

Dorante. Ach, Madame, das sind ja nur Kleinigkeiten, und wenn Sie deswegen ...

Dorimène. Ich weiß, was ich sage, und, ganz unter uns, der Diamant, den Sie mir geradezu aufgedrängt haben, ist von einem Wert ...

Dorante. Ich bitte Sie, Madame, legen Sie nicht so viel Wert auf Dinge, die meine Liebe als Ihrer unwürdig empfindet, und gestatten Sie auch weiterhin ... Da kommt der Herr des Hauses.

VIERZEHNTER AUFTRITT

Die Vorigen. Jourdain.

Jourdain *(geht auf Dorimène zu, macht dabei zwei Verbeugungen; bei der zweiten ist er dicht an sie herangetreten).* Etwas zurücktreten, Madame.

Dorimène. Wie?

Jourdain. Einen Schritt, wenn ich bitten darf.

Dorimène. Wie meinen Sie?

Jourdain. Treten Sie etwas zurück, wegen der dritten.

Dorante. Madame, Herr Jourdain kennt seine Leute.

Jourdain. Madame, es gereicht mir zu großem Ruhm, mich so glücklich zu sehen, die Wonne zu genießen, daß ich das Glück habe, daß Sie die Güte hatten, mir die Gnade zu erweisen, mir die Ehre zu machen, mich durch die Gunst Ihrer Gegenwart zu beehren. Und wenn ich es schon verdient habe, um ein Verdienst wie das Ihrige zu verdienen, und wenn der Himmel ... neidisch auf meinen Besitz ... mir gewährt hätte ... das Vorrecht, mich würdig zu sehen ... daß ...

Dorante. Genug, Herr Jourdain. Madame hat die vielen Komplimente nicht gern, und sie weiß, daß Sie ein Mann von Geist sind. *(Leise zu Dorimène.)* Sie sehen, es ist ein braver Spießer mit recht komischen Manieren.

Dorimène *(ebenso).* Das zu erkennen ist nicht eben schwer.

Dorante *(laut).* Madame, hier ist mein bester Freund.

Jourdain. Sie erweisen mir zu viel Ehre.

Dorante. Ein durch und durch vornehmer Mann.

Dorimène. Meine Hochachtung.

Jourdain. Ich habe noch nichts getan, Madame, diese Ehre zu verdienen.

D o r a n t e *(leise zu Jourdain).* Sehn Sie zu, daß Sie ihr nichts vom Diamanten sagen, den Sie ihr geschenkt haben.

J o u r d a i n *(leise).* Darf ich sie nicht wenigstens fragen, wie er ihr gefällt?

D o r a n t e. Was fällt Ihnen ein? In keinem Fall. Das wäre eine grobe Taktlosigkeit! Wenn Sie Kavalier sein wollen, müssen Sie so tun, als wären gar nicht Sie es gewesen, der ihr dies Geschenk gemacht hat. *(Laut.)* Madame, Herr Jourdain sagt, er sei entzückt, Sie bei sich zu sehen.

D o r i m è n e. Das ist mir eine große Ehre.

J o u r d a i n *(leise zu Dorante).* Ich bin Ihnen sehr dankbar, daß Sie zu ihr so von mir sprechen.

D o r a n t e *(leise).* Es hat mir ungeheure Mühe gekostet, sie zu diesem Besuch zu überreden.

J o u r d a i n *(leise).* Ich weiß nicht, wie ich Ihnen danken soll.

D o r a n t e. Madame, er sagt, Sie seien die schönste Frau auf Erden.

D o r i m è n e. Zu liebenswürdig.

J o u r d a i n. Madame, Sie sind es, die so liebenswürdig ...

D o r a n t e. Denken wir jetzt an das Essen.

FÜNFZEHNTER AUFTRITT

Die Vorigen. Ein Lakai. Dann das Ballett.

L a k a i. Es ist angerichtet, gnädiger Herr.

D o r a n t e. Gehen wir also zu Tisch, und laßt die Musikanten kommen.

Ballett

(Sechs Köche, die das Festmahl bereitet haben, kommen hereingetanzt und machen das dritte Zwischenspiel. Dann tragen sie eine Tafel mit verschiedenen Speisen herein.)

VIERTER AUFZUG

ERSTER AUFTRITT

Jourdain. Dorante. Dorimène. Drei Musikanten. Ein Diener.

Dorimène. Was seh ich! Dorante, das ist ja ein köstliches Mahl!

Jourdain. Sie spotten, Madame. Ich wünschte, es wäre mehr wert, Ihnen serviert zu werden.

(Dorimène, Dorante, Jourdain, die Musikanten setzen sich zu Tisch.)

Dorante. Herr Jourdain hat ganz recht, so zu Ihnen zu sprechen, Madame. Er hat mir die Pflicht auferlegt, hier für ihn die Honneurs zu machen. Ich bin ganz einer Meinung mit ihm, daß dieses Diner Ihrer nicht würdig ist. Da ich es angeordnet habe und ich auf diesem Gebiet nicht so gut Bescheid weiß wie unsere erleuchteten Freunde, können wir Ihnen kein sehr fachmännisches Diner vorsetzen, vielmehr werden Sie mancherlei Verstöße gegen die Auswahl guter Speisen und Barbareien gegen den guten Geschmack entdecken. Hätte unser Freund Damis sich damit befaßt, so wäre alles in Ordnung; er würde alles mit Eleganz und Sachkenntnis angeordnet haben und nicht ermangeln, Ihnen über alle Ihnen vorgesetzten Speisen Auskunft zu geben und Sie von seiner außerordentlichen Fähigkeit im Erkennen guter Stücke zu überzeugen, würde Ihnen von gleichmäßig ausgebackenem Brot mit goldiger Rinde, die süß unter den Zähnen knackt, reden, von einem Wein mit sammetweicher Blume und einer Herbheit, die nie zu scharf wird, von einem mit Petersilie belegten Hammelviertel, von einem Kalbsnierenbraten aus den Marschen, so groß, weiß, delikat, richtig wie Makronen schmeckend, von Rebhühnern, die einen bezaubernden Duft ausströmen, und als Meisterstück von einer mit Mandelmilch versetzten Fleischbrühe und einer jungen fetten Pute mit Täubchen garniert und gekrönt von weißen Zwiebeln im Verein mit Chicorée. Ich aber muß mich zu meiner völligen Unwissenheit bekennen, und wie Herr Jourdain nur zu richtig gesagt hat – ich wünschte, diese Mahlzeit verdiente es mehr, Ihnen vorgesetzt zu werden.

Dorimène. Ich erwidere dieses Kompliment, indem ich ordentlich zugreife.

Jourdain. Oh, was für schöne Hände!

Dorimène. An den Händen ist nichts Besonderes, Herr Jourdain. Sie meinen aber wohl den Diamanten. Der ist allerdings sehr schön.

Jourdain. Ich meine den Diamanten? Gott bewahre mich, von ihm zu sprechen! Das schickt sich nicht für einen feinen Mann. Der Diamant ist nicht viel wert.

Dorimène. Sie scheinen mir sehr blasiert.

Dorante *(nachdem er Jourdain Zeichen gemacht hat)*. Wein für Herrn Jourdain und diese Herren, die die Güte haben werden, uns ein Trinklied vorzusingen.

Dorimène. Das ist eine wunderbare Würze zu den guten Speisen, wenn man ihnen Musik beigibt. Ich werde hier glänzend bewirtet.

Jourdain. Madame, das ist ...

Dorante. Herr Jourdain, bitte jetzt Ruhe! Was wir von diesen Herren zu hören bekommen, ist mehr wert als alles, was wir sagen können.

Erster und zweiter Musikant *(singen zusammen, jeder ein Glas Wein in der Hand)*.

Den kleinen Finger nur, o Phyllis, zum Beginn!
Du und das volle Glas – wie schön paßt ihr zusammen!
Ha! Mich verzehren doppelt heiße Flammen,
Nun ich von dir und ihm zugleich bezaubert bin.
Verbinden wir uns drei in dieser seligen Stunde
Zu ewigem Liebesbunde!
Wie glänzt und strahlt das Glas, wenn es dein Mund berührt,
Wie lieblich spiegelt sich dein Mund im vollen Glase!

Ach, ganz berauscht in seliger Ekstase,
Fühl ich mich von euch zwein ins Paradies entführt!
Verbinden wir uns drei in dieser seligen Stunde
Zu ewigem Liebesbunde!

Zweiter und dritter Musikant *(zusammen).* Trinkt, liebe Freunde, trinkt!
Denkt, wie die Stunden schnell entschweben!
Darum genießt das Leben,
Bis es in Nacht versinkt.

Wenn wir den schwarzen Strom durchschwommen,
Gibt's keine Liebe, keinen Wein!
Eh es so weit gekommen,
Laßt uns noch fröhlich sein!

Die Narren streiten sich herum
Und suchen nach dem Sinn des Lebens.
's ist alles doch vergebens,
Ein Narr bleibt immer dumm.

Wozu nach Ruhm und Reichtum streben,
Was nichts wie Angst und Sorgen bringt?
Im Wein ist wahres Leben!
Glücklich ist nur, wer trinkt!

Alle drei *(zusammen).*
Herr Wirt, wo bleibt der Wein? Her mit dem vollen Krug!
Schenkt ein, schenkt immer ein, bis man euch sagt: genug!

Dorimène. Ich glaube nicht, daß man noch besser singen kann. Es war wunderschön.

Jourdain. Ich sehe hier etwas, Madame, was noch schöner ist.

Dorimène. Oh! Herr Jourdain ist noch viel galanter, als ich mir gedacht hatte.

Dorante. Wie, Madame? Wofür halten Sie Herrn Jourdain?

Jourdain. Ich hoffe, sie denkt so von mir, wie ich es ihr sage.

Dorimène. Nämlich?

Dorante *(zu Dorimène).* Sie kennen ihn noch nicht.

Jourdain. Sie wird mich kennenlernen, wenn es ihr gefällt.

Dorimène. Ich erkläre mich für besiegt.

Dorante. Er ist ein Mann, der nie um eine Antwort verlegen ist. Aber Sie sehen gar nicht, Madame, daß Herr Jourdain all die Stückchen ißt, die Sie berührt haben.

Dorimène. Herr Jourdain entzückt mich.

Jourdain. Wenn ich Ihr Herz entzücken könnte, so wäre das ...

ZWEITER AUFTRITT

Die Vorigen. Frau Jourdain.

Frau Jourdain. Oho! Da treffe ich ja eine nette Gesellschaft, und ich sehe wohl, daß man mich nicht erwartet hat. Um dieses schönen Beisammenseins willen hatte mein Herr Gemahl es so eilig, mich zu meiner Schwester zum Essen zu schicken? Ich komme hierher zu einer Theatervorstellung und finde ein Hochzeitsmahl! So also verschleudern Sie Ihren Besitz, und so bewirten Sie in meiner Abwesenheit Ihre Damen, machen ihnen Musik und Theater vor, während Sie mich spazieren schicken?

Dorante. Was fällt Ihnen ein, Frau Jourdain? Wie kommen Sie darauf, sich in den Kopf zu setzen, Ihr Herr Gemahl verschleudere seinen Besitz, er gebe Madame dieses Diner? Ich bin es – nehmen Sie das bitte zur Kenntnis! Er hat mir nur seine Wohnung zur Verfügung gestellt. Sie sollten mehr achtgeben auf das, was Sie reden.

Jourdain. Ja, Sie unverschämte Person, es ist der Herr Graf, der Madame bewirtet, die auch von Adel ist. Er erweist mir die Ehre, sich meines Hauses zu bedienen, und hat mich eingeladen.

Frau Jourdain. Geschwätz! Ich weiß, was ich weiß.

Dorante. Sie sollten sich eine schärfere Brille anschaffen, Frau Jourdain.

Frau Jourdain. Ich sehe auch ohne Brille deutlich

genug, mein Herr. Ich weiß längst Bescheid, ich bin nicht so dumm. Es ist gemein von Ihnen, einem so großen Herrn, den Narrheiten meines Mannes Vorschub zu leisten. Und von Ihnen, Madame, einer so vornehmen Persönlichkeit, ist es weder schön noch anständig, Zwietracht in eine Ehe hineinzutragen und zu dulden, daß mein Mann in Sie verliebt ist.

Dorimène. Was soll das heißen? Dorante, Sie treiben wohl Ihren Spott mit mir, daß Sie mich den blöden Phantastereien dieser Verrückten aussetzen! *(Ab.)*

Dorante *(ihr nach)*. Madame! Hallo! Wo wollen Sie hin, Madame?

Jourdain. Madame! . . . Herr Graf, ich lasse die Dame um Entschuldigung bitten! Bringen Sie sie zurück! *(Dorante ab. Jourdain zu seiner Frau.)* So eine Frechheit! Schöne Geschichten das! Sie blamieren mich vor der ganzen Welt, schmeißen mir eine Dame von Adel hinaus!

Frau Jourdain. Ich pfeife auf ihren Adel.

Jourdain. Ich weiß nicht, was mich zurückhält, Ihnen den Schädel zu zerschmettern mit den Schüsseln vom Gastmahl, das Sie mir gestört haben!

(Die Diener tragen die Tafel hinaus.)

Frau Jourdain. Ich mach mir nichts draus. Ich verteidige mein Recht und habe alle Frauen auf meiner Seite. *(Ab.)*

Jourdain *(allein)*. Sie kam so ungelegen wie möglich. Ich war gerade in der Stimmung, so nette Sachen zu sagen. Noch nie ist mein Geist so rege gewesen. Doch was ist denn das?

DRITTER AUFTRITT

Jourdain. Covielle verkleidet.

Covielle. Mein Herr, ich weiß nicht, ob ich die Ehre habe, Ihnen bekannt zu sein.

Jourdain. Nein, mein Herr.

Covielle *(sich ganz tief bückend)*. Ich hab Sie gesehen, als Sie kaum so groß waren.

Jourdain. Mich?

Covielle. Ja. Sie waren das schönste Kind von der Welt, und alle Damen nahmen Sie auf den Arm, um Sie zu küssen.

Jourdain. Mich zu küssen?

Covielle. Ja. Ich war ein großer Freund Ihres hochwohlgeborenen Herrn Vaters.

Jourdain. Meines hochwohlgeborenen Vaters?

Covielle. Ja. Das war ein sehr vornehmer Edelmann.

Jourdain. Wie meinen Sie?

Covielle. Ich sage, er war ein sehr vornehmer Edelmann.

Jourdain. Mein Vater?

Covielle. Ja.

Jourdain. Sie haben ihn gut gekannt?

Covielle. Gewiß.

Jourdain. Und Sie kannten ihn als Edelmann?

Covielle. Selbstverständlich.

Jourdain. Dann weiß ich nicht, was man von den Leuten halten soll!

Covielle. Wieso?

Jourdain. Es gibt Dummköpfe, die mir einreden wollen, er sei Kaufmann gewesen.

Covielle. Er Kaufmann? Das ist reine Verleumdung. Er ist es nie gewesen. Er war nur ein sehr gefälliger, sehr diensteifriger Herr. Und da er sich sehr gut in Stoffen auskannte, suchte er sie sich überall zusammen, ließ sie sich ins Haus schaffen und gab sie seinen Freunden für Geld ab.

Jourdain. Ich bin erfreut, Sie kennenzulernen, da Sie bezeugen können, daß mein Vater Edelmann war.

Covielle. Ich kann das vor der ganzen Welt behaupten.

Jourdain. Ich bin Ihnen sehr verbunden. Was führt Sie zu mir?

Covielle. Nachdem ich Ihren hochwohlgeborenen Herrn Vater kennengelernt hatte, einen vornehmen Edelmann, wie ich schon sagte, bin ich in der ganzen Welt herumgereist.

Jourdain. In der ganzen Welt?

Covielle. Ja.

Jourdain. Da müssen Sie aber sehr weit weg gewesen sein.

Covielle. Sicherlich. Ich bin erst vor vier Tagen von meinen weiten Reisen zurückgekehrt, und da ich an allem, was Sie angeht, lebhaften Anteil nehme, bin ich gekommen, um Ihnen die schönste Neuigkeit von der Welt mitzuteilen.

Jourdain. Nämlich?

Covielle. Wissen Sie, daß der Sohn des Großtürken hier weilt?

Jourdain. Ich? Nein.

Covielle. Wie? Er ist mit einem riesigen Gefolge gekommen, alle Welt staunt ihn an, er ist hierzulande aufgenommen worden wie ein ganz großer Fürst.

Jourdain. Meiner Treu, ich hab nichts davon gewußt.

Covielle. Für Sie hat dieser Besuch aber eine ganz besondere Bedeutung. Der hohe Herr ist nämlich in Ihre Tochter verliebt.

Jourdain. Der Sohn des Großtürken?

Covielle. Ja, er will Ihr Schwiegersohn werden.

Jourdain. Mein Schwiegersohn? Der Sohn des Großtürken?

Covielle. Der Sohn des Großtürken Ihr Schwiegersohn. Ich suchte ihn auf, und da ich seine Sprache vollkommen beherrsche, ließ er sich in ein Gespräch mit mir ein; und nachdem wir über einige andere Dinge geredet hatten, sagte er zu mir: „Axiam krok soler ontsch alla mustaf gidelum amanahem varahini ussere karbulat." Das heißt: Hast du vielleicht eine junge hübsche Person gesehen, die Tochter des Herrn Jourdain, eines Pariser Edelmannes?

Jourdain. Das hat der Sohn des Großtürken von mir gesagt?

Covielle. Ja. Als ich ihm erwiderte, daß ich Sie gut kenne und daß ich Ihre Tochter gesehen habe, sagte er: „Ah, marababa sahem!" Das heißt: Ach, wie bin ich in sie verliebt.

Jourdain. Marababa sahem heißt: Wie bin ich verliebt?

Covielle. Ja.

Jourdain. Meiner Treu, es war nett von Ihnen, mir das zu sagen. Denn ich hätte mir nie denken können, daß Marababa sahem soviel heißt wie „Ach, wie bin ich verliebt". Das ist ja eine wunderbare Sprache, dies Türkisch.

Covielle. Viel wunderbarer, als man glauben möchte. Wissen Sie, was „Kakarakamutschen" bedeutet?

Jourdain. Kakarakamutschen? Nein.

Covielle. Das heißt: mein süßes Lieb.

Jourdain. Kakarakamutschen heißt: mein süßes Lieb?

Covielle. Ja.

Jourdain. Das ist ja herrlich! Kakarakamutschen – mein süßes Lieb!

Covielle. Um nun meinen Auftrag zu erledigen: er bittet um die Hand Ihrer Tochter. Und um einen Schwiegervater zu haben, der seiner würdig ist, will er Sie zum Mamamutschi machen, das ist eine besonders hohe Würde in seinem Lande.

Jourdain. Mamamutschi?

Covielle. Ja, Mamamutschi. Das heißt in unserer Sprache Paladin. Paladine, das sind jene alten ... mit einem Wort, Paladine. Es gibt nichts Vornehmeres in der ganzen Welt, und Sie sind dann allen großen Herrn in allen Ländern ebenbürtig.

Jourdain. Der Sohn des Großtürken erweist mir eine hohe Ehre, und ich bitte Sie, mich zu ihm zu führen, damit ich ihm danken kann.

Covielle. Nicht doch! Er kommt gleich hierher!

Jourdain. Er kommt hierher?

Covielle. Jawohl, und er bringt alles mit, was zur Zeremonie Ihrer Aufnahme in den neuen Stand gehört.

Jourdain. Das nenn ich prompt!

Covielle. Seine Liebe duldet keine Verzögerung.

Jourdain. Das einzige, was mich beunruhigt, ist, daß meine Tochter sich einen gewissen Cleonte in ihren Dickkopf gesetzt hat und schwört, sie werde keinen heiraten als nur ihn.

Covielle. Sie wird anderer Meinung werden, wenn sie den Sohn des Großtürken sieht. Und dazu kommt noch ein seltsames Naturspiel: der Sohn des Großtürken sieht diesem Cleonte sehr ähnlich, fast wie ein Ei dem andern. Ich habe ihn eben erst gesehen, man hat ihn mir gezeigt. Und die Liebe, die sie für den einen empfindet, kann sich leicht auf den andern übertragen, wenn ... Ich höre ihn kommen. Da ist er!

VIERTER AUFTRITT

Die Vorigen. Cleonte als Türke mit drei Pagen, die seine Schleppe tragen.

Cleonte. Ambusahim oki boraf, Schordina, salamaleki.

Covielle *(zu Jourdain)*. Das heißt: Herr Jourdain, möge Ihr Herz das ganze Jahr blühen wie eine Rose. So pflegt man sich in jenem Lande höflich auszudrücken.

Jourdain. Ich bin Seiner türkischen Hoheit ergebenster Diener.

Covielle. Karigar kamboto ustin moraf.

Cleonte. Utin jok catamaleki basum base alla moran.

Covielle. Er sagt: Gebe der Himmel Ihnen die Kraft des Löwen und die Weisheit der Schlange.

Jourdain. Seine türkische Hoheit ehrt mich über alles Maß, und ich wünsche ihm alles Gute.

Covielle. Ossa binamen sadok babally orakaf uram.

Cleonte. Belmen.

Covielle. Er sagt, Sie sollen jetzt schnell mit ihm gehen, um sich für die Zeremonie vorzubereiten. Gleich danach will er Ihre Tochter sehen und die Ehe schließen.

Jourdain. So viel in zwei Worten?

Covielle. Ja. Das ist so die Eigenart der türkischen Sprache: sie sagt sehr viel in wenig Worten. Gehen Sie nun schnell mit ihm. *(Cleonte und Jourdain ab. Covielle allein.)* Hahaha! Bei Gott, das ist zu komisch! So ein Narr! Wenn er seine Rolle auswendig gelernt hätte, könnte er sie nicht besser spielen! Hahaha!

FÜNFTER AUFTRITT

Covielle. Dorante.

Covielle. Ich bitte Sie, mein Herr, uns in einer Sache beizustehen, die sich hier abspielt.

Dorante. Ach, du bist's, Covielle? Wer hätte dich erkannt? Wie hast du dich ausstaffiert!

Covielle. Sie sehn's ja. Hahaha!

Dorante. Worüber lachst du?

Covielle. Über eine Sache, die es wert ist.

Dorante. Was denn?

Covielle. Ich stelle Ihnen die Aufgabe, die Kriegslist zu erraten, deren wir uns bedienen, um Herrn Jourdain dazu zu bringen, daß er seine Tochter meinem Herrn zur Frau gibt.

Dorante. Die Kriegslist kann ich nicht erraten, aber ich errate, daß sie Erfolg haben wird, weil du sie ausgeheckt hast.

Covielle. Ich sehe, Herr, Sie wissen Bescheid.

Dorante. So sag mir, um was es sich handelt.

Covielle. Haben Sie die Güte, etwas zur Seite zu treten, um denen, die ich kommen sehe, Platz zu machen. Sie werden einen Teil der Geschichte sehen, das Weitere erzähle ich Ihnen.

SECHSTER AUFTRITT

Türkische Zeremonie: Sechs Türken treten paarweise unter Musikbegleitung auf. Sie tragen drei Teppiche, die sie ganz hoch heben, nachdem sie einige Tanzfiguren ausgeführt haben. Singend gehen sie unter den Teppichen durch, um sich dann zu beiden Seiten der Bühne aufzustellen. Der Mufti, von Derwischen begleitet, beschließt den Marsch. Dann breiten die Türken die Teppiche auf dem Boden aus und knien darauf nieder. Der Mufti und die Derwische bleiben in ihrer Mitte aufrecht stehen. Während der Mufti unter allerlei Gliederverrenkungen und Grimassen den Mohammed anruft, ohne ein Wort zu sagen, werfen die Türken sich platt auf den Boden und singen: Alli! *Dann heben sie die Arme hoch und singen:* Allah! *So fahren sie fort bis zum Schluß der Anrufung. Danach erheben sie sich alle und singen:* Allah akbar! *Zwei Derwische gehen, um Herrn Jourdain zu holen. Er ist türkisch gekleidet, mit glatt rasiertem Kopf, ohne Turban und ohne Säbel.*

Mufti *(zu Jourdain).*

Wenn du wissen,
Antwort müssen!
Wenn nicht wissen,
Schweigen müssen!
Ich Mufti sein.
Wie Name dein?
Wenn nicht wissen,
Schweigen müssen!

(Zwei Derwische führen Jourdain hinaus. Der Mufti zu den Türken.)

Türke, sagen, wer der ist da?
Anabaptista? Anabaptista?

Türken. Jok!
Mufti. Zwinglista?
Türken. Jok.
Mufti. Koffita?
Türken. Jok.
Mufti. Hussita? Morista? Fronista?
Türken. Jok, jok, jok!
Mufti. Jok, jok, jok. Sein Pagana?
Türken. Jok!
Mufti. Lutherana?
Türken. Jok!
Mufti. Puritana?
Türken. Jok!
Mufti. Bramina? Morina? Zurina?
Türken. Jok, jok, jok!
Mufti. Jok, jok, jok. Mohammedana? Mohammedana?
Türken. Ili valla! Ili valla!
Mufti. Wie die Nama? Wie die Nama?
Türken. Schordina, Schordina!
Mufti *(hüpfend).* Schordina, Schordina!
Türken. Schordina, Schordina!

M u f t i. Für Schordina, Mahometa,
Früh und späta beta, beta!
Wollen machen Paladina
Aus Schordina, aus Schordina,
Zu beschützа Palästina!
Kriegen Sabul und Turbanta
Und Galeera und Briganta.
Für Schordina, Mahometa,
Früh und späta beta, beta!
(Zu den Türken.) Sein gut Türke der Schordina?
T ü r k e n. Ili valla, ili valla!
M u f t i. Ha la ba, ba la schu, ba la ba, ba la da!
(Singend und tanzend ab.)
T ü r k e n. Ha la ba, ba la schu, ba la ba, ba la da!

Großer türkischer Tanz

(Der Mufti kommt zurück; er hat einen riesigen Turban auf dem Kopf, besetzt mit vier oder fünf Reihen brennender Kerzen; ihn begleiten zwei Derwische, die den Alkoran tragen; sie haben spitze Mützen, die ebenfalls mit brennenden Kerzen besetzt sind. Zwei weitere Derwische führen Jourdain. Sie lassen ihn niederknien, mit den Händen auf den Boden gestützt, so daß sein Rücken, auf den sie den Alkoran legen, dem Mufti als Pult dient. Der Mufti beginnt ein zweites stummes Gebet, runzelt die Stirn, schlägt von Zeit zu Zeit auf den Alkoran und wendet die Blätter mit ungeheurer Geschwindigkeit um; danach streckt er die Arme empor und schreit laut: Hu! *Die Türken, abwechselnd niederfallend und sich erhebend, schreien ebenfalls:* Hu, hu, hu!*)*

J o u r d a i n *(nachdem man den Alkoran von seinem Rücken fortgenommen hat).* Uff!
M u f t i *(zu Jourdain).* Nicht sein Intriganta?
T ü r k e n. No, no, no!
M u f t i. Nicht Maleficanta?
T ü r k e n. No, no, no!
M u f t i *(zu den Türken).* Ihm geben Turbanta!
T ü r k e n. Nicht sein Intriganta?
No, no, no.

Nicht Maleficanta?
No, no, no.
Ihm geben Turbanta.

(Die Türken setzen tanzend unter Musikbegleitung Jourdain den Turban auf.)

Mufti *(reicht Jourdain den Säbel).*
Du Edelmann, das nicht sein Fabel,
Drum nehmen Sabel.

Türken *(den Säbel ergreifend).*
Du Edelmann, das nicht sein Fabel,
Drum nehmen Sabel.

(Sie umtanzen Jourdain und versetzen ihm dabei mehrere Schläge mit dem Säbel.)

Mufti. Dara, dara
Bastonnara.
Dara, dara
Bastonnara.

(Die Türken tanzen wieder um Jourdain herum und schlagen ihn dabei im Takt mit Stöcken.)

Mufti. Nicht haben Verdruß!
Denn dies sein Schluß!

Türken. Nicht haben Verdruß!
Denn dies sein Schluß!

(Der Mufti beginnt ein drittes Gebet. Die Derwische stützen respektvoll seine erhobenen Arme. Danach entfernt sich der Mufti, von den singenden Türken umtanzt, die zugleich auch Jourdain mit sich fortschleppen.)

FÜNFTER AUFZUG

ERSTER AUFTRITT

Jourdain. Frau Jourdain.

Frau Jourdain. Herrgott im Himmel, erbarme dich! Was soll denn das heißen? Wie sehen Sie aus! Wie kommen Sie zu dieser Narrenkappe? Und ist denn jetzt die Zeit zum Maskieren? So reden Sie doch! Was soll das? Wer hat Sie so herausgeputzt?

Jourdain. Seh einer die unverschämte Person! So zu einem Mamamutschi zu sprechen!

Frau Jourdain. Wie?

Jourdain. Ja, man muß mir jetzt mit Respekt begegnen, denn ich bin Mamamutschi geworden.

Frau Jourdain. Was ist mit diesem Mamamutschi gemeint?

Jourdain. Mamamutschi, sag ich. Ich bin ein Mamamutschi.

Frau Jourdain. Was ist das für ein Tier?

Jourdain. Mamamutschi – das heißt in unserer Sprache soviel wie Paladin.

Frau Jourdain. Ballettin? Wollen Sie in Ihrem Alter im Ballett tanzen?

Jourdain. Wie kann man so unwissend sein! Ich sage Pa-la-din. Das ist eine Würde, die man mir in einer feierlichen Zeremonie zuerkannt hat.

Frau Jourdain. Was noch für eine Zeremonie?

Jourdain. Mahometa für Schordina.

Frau Jourdain. Was soll denn das wieder bedeuten?

Jourdain. Schordina das ist Jourdain.

Frau Jourdain. Na gut – Jourdain. Und was weiter?

Jourdain. Wollen machen Paladina aus Schordina.

Frau Jourdain. Wie?

Jourdain. Kriegt Turbanta und Galeera.

Frau Jourdain. Was heißt das?

Jourdain. Zu beschützen Palästina.

Frau Jourdain. Ich verstehe nichts.

Jourdain. Dara dara bastonnara.

Frau Jourdain. Was ist das für eine Sprache?

Jourdain. Nicht haben Verdruß, denn dies sein Schluß!

Frau Jourdain. Mein Gott, was soll das alles?

Jourdain. Hu la ba, ba la schu, ba la ba, ba la da! *(Er hat dabei getanzt und fällt nun auf den Boden nieder.)*

Frau Jourdain. O Gott! O Gott! Mein Mann ist verrückt geworden!

Jourdain *(aufstehend und abgehend)*. Ruhe, Sie freches Weibsstück! Achtung vor dem Herrn Mamamutschi! *(Ab.)*

Frau Jourdain *(allein)*. Sollte er wirklich den Verstand verloren haben? Ihm nach, daß er das Haus nicht verläßt! *(Sieht Dorimène und Dorante kommen.)* Aha, da kommt der Rest unseres Vermögens! Nichts als Ärger überall! *(Ab.)*

ZWEITER AUFTRITT

Dorante. Dorimène.

Dorante. Ja, Madame, Sie werden das denkbar amüsanteste Schauspiel erleben. Ich glaube nicht, daß sich in der ganzen Welt noch ein zweiter so verrückter Kerl finden ließe. Und dann, Madame, wir müssen die Liebe Cleontes unterstützen und damit auch seinen Maskenscherz. Denn das ist ein sehr liebenswürdiger Mann, der es verdient, daß man sich für ihn interessiert.

Dorimène. Das ist mir wohlbekannt. Er ist es wert, glücklich zu werden.

Dorante. Außerdem, Madame, soll es hier ein Ballett geben, das wir nicht versäumen dürfen. Denn man möchte doch sehen, ob meine Idee sich durchsetzen kann.

Dorimène. Ich habe die großartigen Vorbereitungen schon gesehen und, Dorante, dergleichen kann ich nicht länger dulden. Ja, ich will Ihrer Verschwendungssucht endlich ein Ziel setzen, und damit Sie sich nicht weiter mir zuliebe in Ausgaben stürzen, habe ich beschlossen, Sie sofort zu heiraten. Das ist das wahre Geheimnis, alle solche Geschichten enden mit der Hochzeit.

Dorante. Oh, Madame, ist es möglich, daß Sie einen mich so beglückenden Beschluß fassen konnten?

Dorimène. Ich tu es nur, damit Sie sich nicht ganz ruinieren. Denn ich sehe ja – geht das noch kurze Zeit so fort, dann haben Sie keinen Sou mehr.

Dorante. Wie tief verpflichten Sie mich, Madame, durch diese Sorgen um Erhaltung meines Besitzes. Er gehört jetzt ganz Ihnen ebenso wie mein Herz, und Sie können von beidem nach Ihrem Belieben Gebrauch machen.

Dorimène. Das will ich tun. Aber da kommt Ihr Mann. Er sieht ja entzückend aus.

DRITTER AUFTRITT

Die Vorigen. Jourdain.

Dorante. Mein Herr, wir kommen, Madame und ich, Sie zu Ihrer neuen Würde zu beglückwünschen und zugleich uns mit Ihnen zu freuen über die Vermählung Ihrer Tochter mit dem Sohn des Großtürken.

Jourdain *(nachdem er sich nach türkischer Weise verneigt hat)*. Mein Herr, ich wünsche Ihnen die Kraft der Schlange und die Weisheit des Löwen.

Dorimène. Mein Herr, ich bin erfreut, eine der ersten zu sein, die Ihnen zu der hohen Auszeichnung gratuliert, mit der Sie geehrt worden sind.

Jourdain. Madame, ich wünsche, daß Ihre Rosen das ganze Jahr blühen. Ich bin Ihnen außerordentlich verbunden, daß Sie so warmen Anteil an der mir erwiesenen Ehre nehmen. Und es freut mich sehr, daß Sie noch einmal hierher gekommen sind, denn nun kann ich Ihnen meine untertänigste Entschuldigung aussprechen wegen des Benehmens meiner Frau.

Dorimène. Das hat nichts zu bedeuten. Ich verzeihe ihr diese Erregung: das Herz ihres Gatten muß ihr teuer sein, und es ist nicht zu verwundern, daß die Sorge um den Besitz eines Mannes wie Sie, mein Herr, eine gewisse Unruhe hervorrufen kann.

Jourdain. Mein Herz befindet sich ganz und gar in Ihrem Besitz, Madame.

Dorante. Sie sehen, Madame, Herr Jourdain gehört nicht zu jenen Leuten, die der Erfolg blendet. Er kennt seine Freunde auch noch nach einem hohen Aufstieg.

Dorimène. Daran erkennt man ein wahrhaft edles Herz.

Dorante. Wo ist denn Seine türkische Hoheit? Wir möchten ihm, als Ihre Freunde, auch unsere Aufwartung machen.

Jourdain. Da kommt er. Ich habe schon nach meiner Tochter geschickt, daß sie ihm die Hand reicht.

VIERTER AUFTRITT

Die Vorigen. Cleonte als Türke.

Dorante *(zu Cleonte)*. Wir kommen, Eure Hoheit als Freunde Ihres Herrn Schwiegervaters zu begrüßen und uns in größter Hochachtung als Ihre ergebensten Diener vorzustellen.

Jourdain. Wo ist denn der Dolmetscher, der ihm sagen kann, wer Sie sind, und ihm erklären, was Sie zu ihm gesagt haben? Sie werden dann seine Antwort schon hören, er spricht ausgezeichnet Türkisch. *(Zu Cleonte.)* Wo zum Teufel steckt der Kerl? Struff, striff, stroff, straff. Der Herr ist ein grande signore, grande signore, grande signore und Madame eine granda dama, granda dama. *(Sieht, daß er nicht verstanden wird.)* Ach Gott! *(Zu Cleonte, auf Dorante zeigend.)* Der Herr ist ein französischer Mamamutschi und die Dame eine französische Mutschimama. Ich kann mich nicht klarer ausdrücken. Gottlob, da kommt der Dolmetscher.

FÜNFTER AUFTRITT

Die Vorigen. Covielle.

Jourdain *(zu Covielle).* Wo wollen Sie hin? Wir können ohne Sie nichts anfangen. *(Zeigt auf Cleonte.)* Sagen Sie ihm, daß der Herr und die Dame sehr vornehme Herrschaften sind, die ihn als meine Freunde begrüßen wollen und zu jedem Dienst bereit sind. *(Zu Dorante und Dorimène.)* Nun werden Sie gleich seine Antwort hören.

Covielle. Alabala kroziam akzi boram alabalem.

Cleonte. Kataleki tubal urin soter amalutscham.

Jourdain *(zu Dorante und Dorimène).* Sehn Sie?

Covielle. Er sagt: möge der Regen des Wohlbehagens allezeit den Garten Ihrer Familie berieseln.

Jourdain. Hab ich Ihnen nicht gesagt, daß er Türkisch spricht?

Dorante. Das ist erstaunlich!

SECHSTER AUFTRITT

Die Vorigen. Lucile.

Jourdain. Komm nur näher, mein Töchterlein, und reiche deine Hand dem Herrn, der dir die Ehre erweist, um dich zu werben.

Lucile. Wie, mein Vater, was fällt Ihnen ein? Spielen Sie hier Komödie?

Jourdain. Nein, nein, das ist keine Komödie. Das ist eine sehr ernste Sache und die größte Ehre für dich, die du dir nur wünschen kannst. *(Auf Cleonte zeigend.)* Hier steht der Gatte, den ich für dich bestimmt habe.

Lucile. Für mich, Vater?

Jourdain. Ja, für dich. Geh, reich ihm die Hand, und danke dem Himmel für dein Glück.

Lucile. Ich will nicht heiraten.

Jourdain. Ich wünsche es, ich, dein Vater.

Lucile. Ich tu es nicht.

Jourdain. Mach keine Faxen. Geh, sag ich. Hier, deine Hand!

Lucile. Nein, Vater. Ich habe es Ihnen gesagt: keine Macht der Welt kann mich zwingen, einen andern Mann zu nehmen als Cleonte, und ich entschließe mich eher zum Äußersten, als daß ... *(Sie erkennt Cleonte.)* Es ist wahr, Sie sind mein Vater, ich schulde Ihnen Gehorsam. Sie können nach Ihrem Willen über mich verfügen.

Jourdain. Oh, wie freut es mich, daß du dich so schnell auf deine Pflicht besonnen hast. Eine so gehorsame Tochter haben, das kann mir schon gefallen.

SIEBENTER AUFTRITT

Die Vorigen. Frau Jourdain.

Frau Jourdain. Was geht denn hier vor? Man sagt mir, Sie wollen Ihre Tochter einem Faschings-Hanswurst zur Frau geben!

Jourdain. Wollen Sie wohl schweigen, Sie Unverschämte! In alles müssen Sie sich hineinmischen! Gibt es denn kein Mittel, Sie zur Vernunft zu bringen?

Frau Jourdain. Solch ein Mittel brauchen Sie! Sie fallen aus einer Narrheit in die andre. Was haben Sie für Absichten? Was soll diese ganze Gesellschaft hier?

Jourdain. Ich will unsere Tochter mit dem Sohn des Großtürken verheiraten.

Frau Jourdain. Mit dem Sohn des Großtürken?

Jourdain. Ja. Begrüßen Sie ihn durch den Dolmetscher, der hier steht.

Frau Jourdain. Ich brauche keinen Dolmetscher, um ihm ins Gesicht zu sagen, daß er meine Tochter nie kriegen wird.

Jourdain. Wollen Sie endlich einmal den Mund halten!

Dorante. Wie, Frau Jourdain, Sie widersetzen sich einer so hohen Ehre? Sie weisen Seine türkische Hoheit als Schwiegersohn zurück?

Frau Jourdain. Mein Gott, Herr, kümmern Sie sich um Ihre eigenen Angelegenheiten.

Dorimène. Eine große Ehre, die man nicht ausschlagen darf.

Frau Jourdain. Madame, ich bitte Sie, sich nicht in Dinge zu mischen, die Sie nichts angehn.

Dorante. Nur die Freundschaft, die wir Ihnen entgegenbringen, veranlaßt uns, an Ihrem Glück Anteil zu nehmen.

Frau Jourdain. Ich mach mir nichts aus Ihrer Freundschaft.

Dorante. Ihr Fräulein Tochter fügt sich aber dem Willen ihres Vaters.

Frau Jourdain. Meine Tochter will den Türken heiraten?

Dorante. Sicherlich.

Frau Jourdain. Sie kann Cleonte vergessen?

Dorante. Was tut man nicht, um eine große Dame zu werden?

Frau Jourdain. Ich erwürge sie mit diesen meinen Händen, wenn sie mir so einen Streich spielt.

Jourdain. Nichts wie dummes Geschwätz! Ich sage Ihnen, diese Heirat kommt zustande.

Frau Jourdain. Und ich sage, das geschieht nicht.

Jourdain. Was soll bloß das Geschrei!

Lucile. Mutter!

Frau Jourdain. Geh, Nichtswürdige!

Jourdain. Wie? Sie schelten sie, weil sie mir gehorcht?

Frau Jourdain. Ja. Sie ist ebensogut meine wie Ihre Tochter.

Covielle *(zu Frau Jourdain)*. Madame.

Frau Jourdain. Was wollen Sie noch von mir?

Covielle. Nur ein Wort.

Frau Jourdain. Ich brauche Ihr Wort nicht.

Covielle *(zu Jourdain)*. Mein Herr, wenn sie nur ein Wort von mir im geheimen hören will, so verspreche ich Ihnen, daß sie sich mit Ihnen einverstanden erklärt.

Frau Jourdain. Ich bin mit nichts einverstanden!

Covielle. Hören Sie mich nur an.

Frau Jourdain. Nein.

Jourdain. Hören Sie ihn an.

Frau Jourdain. Ich will nichts hören.

Jourdain. Er wird Ihnen sagen ...

Frau Jourdain. Ich will nicht, daß er mir etwas sagt.

Jourdain. Das ist ein eigensinniges Frauenzimmer! Was kann's Ihnen denn schaden, wenn Sie ihn anhören?

Covielle. Sie sollen mich nur hören, nachher können Sie machen, was Sie wollen.

Frau Jourdain. Also, was ist's?

Covielle *(leise zu ihr)*. Seit einer Stunde schon machen wir Ihnen Zeichen, Madame! Sehen Sie denn nicht, daß das alles nur geschieht, um den Phantasien Ihres Mannes entgegenzukommen? Daß wir ihn unter dieser Maske beschwindeln und daß niemand anders als Cleonte der Sohn des Großtürken ist?

Frau Jourdain *(leise)*. Ah! So! Ja!

Covielle *(leise)*. Und ich, Covielle, bin der Dolmetscher.

Frau Jourdain. Ja, wenn das so ist, dann geb ich nach.

Covielle *(leise)*. Lassen Sie sich nur nichts merken.

Frau Jourdain *(laut)*. Wenn die Dinge so liegen, willige ich ein.

Jourdain. Na, endlich sind alle zur Vernunft gekommen. *(Zu seiner Frau.)* Sie wollten ihn nicht hören. Ich wußte aber, daß er Ihnen erklären würde, wer der Sohn des Großtürken ist.

Frau Jourdain. Er hat mich vollkommen aufgeklärt, und ich bin befriedigt. Schicken wir nun gleich nach dem Notar.

Dorante. Vortrefflich. Und, Frau Jourdain, damit Ihre Seele ganz zur Ruhe kommt und Sie Ihre Eifersucht gegen Ihren Herrn Gemahl aufgeben, wollen wir, Madame Dorimène und ich, uns gleich von demselben Notar kopulieren lassen.

Frau Jourdain. Damit bin ich auch einverstanden.

Jourdain *(leise zu Dorante)*. Das sagen Sie doch nur, um sie zu beruhigen?

Dorante *(ebenso)*. Gönnen wir ihr doch das Vergnügen.

Jourdain *(leise)*. Gut, gut. *(Laut.)* Schickt nach dem Notar!

Dorante. Bis er kommt und die Verträge aufsetzt, sehen wir uns das Ballett an. So unterhalten wir auch Seine türkische Hoheit.

Jourdain. Ausgezeichnet. Nehmen wir unsere Plätze ein.

Frau Jourdain. Und Nicole?

Jourdain. Ich gebe sie dem Dolmetscher, und meine Frau dem, der sie haben will.

Covielle. Ich danke Ihnen. *(Für sich.)* Wenn man einen noch größeren Narren findet, gehe ich nach Rom und melde es.

BALLETT

ERSTE SZENE

Es kommt ein Mann mit Textbüchern, verfolgt von einer großen Schar von Leuten aus verschiedenen Provinzen, die Bücher haben wollen, darunter drei Aufdringliche, die ihm immer auf den Fersen sind.

Alle.
Ein Buch für mich! Ein Buch für mich! Ich bitte sehr!
So schauen Sie, mein Herr, doch endlich auch hierher!

Ein gut aussehender Herr.
Mein Herr, Sie sollten doch zu unterscheiden wissen!
Die Damen sind es, die zuerst bedient sein müssen.

Ein zweiter gut aussehender Herr.
Holla! Wir kommen heut wohl überhaupt nicht dran?
So geht's nicht weiter, guter Mann!

Eine gut aussehende Dame.
Mein Gott, daß man auf beßre Leute
Hier gar so wenig Rücksicht nimmt!

Eine zweite Dame.
Bücher und Sessel sind bestimmt,
So scheint's, nur für Grisetten heute.

Erster Gascogner.
Will Er mich hier zum Narren machen,
Herr Büchermann? Was fällt Ihm ein?
Soll ich, damit die Leute lachen,
Nach einem Buch mich heiser schrein?
Er hat wohl seine schönen Sachen
Nur für das Lumpenpack allein?

Zweiter Gascogner.
Ziemt's einem Mann wie mir, dem Burschen nachzurennen?
He, junger Mann, ein Buch für mich, den Herrn Baron!

Fast scheint es mir, der Erzkujon
Hat nicht die Ehre, mich zu kennen!

S c h w e i z e r.
Isch denn für mi ka Büechli do?
Do han i's aber übel g'troffe!
I ruef und ruef, der Maa soll choo:
Hallo!
Do isch er scho zen andern gloffe!
Parblöh, Herr Büechlimann, er het echt z'viel
gesoffe?

E i n g e s c h w ä t z i g e r A l t e r.
Ich muß ehrlich gestehn,
Alles, was wir hier sehn,
Find ich durchaus nicht schön.
Daß unsre Hanne,
Die schon so manchem Manne
Das Köpfchen tät verdrehn,
Kein Büchlein konnt erstehn,
Um besser zu verstehn
Das Tanzspiel, Szen für Szen,
Das find ich grad so wenig schön,
Wie daß wir alle beide,
Trotz unserm schönen Kleide,
Hier im Gedränge stehn
Und vorne sitzen sehn
Ich will nicht sagen – wen.
Nein, nein, ich muß gestehn,
Alles, was wir hier sehn,
Find ich durchaus nicht schön.

S e i n e F r a u.
Wahrhaftig, deinen Ärger teil ich.
Ich find es einfach unverzeihlich!
Der Versifex verstreut die Bücher jedesmal
Ganz ohne Wahl,
Frech und brutal
Umher im Saal.
's ist ein Skandal!
Er tut, als hätt er's furchtbar eilig,
Und läßt sie stehn, die im Quartier Palais-Royal
Die Schönste ist in jedem Fall,

So daß ein junger Graf erst neulich
Mit ihr eröffnete den Ball!
Frech und brutal
Herrscht er im Saal
Auch dieses Mal.
's ist ein Skandal!

Die gut aussehenden Herren und Damen *(durcheinander).*
Hilf Himmel, welch ein Lärm! – Ein Chaos! – Ein Gewirre!
Ein Tohuwabohu! – Man wird an allem irre!
's wird immer schlimmer! – 's ist zu toll!
Genug, genug! – Das Maß ist voll!

Erster Gascogner. Uff, uff! Ich kann nicht mehr!

Zweiter Gascogner. Der Teufel hol sie alle!

Schweizer.
Herr Gott im Himmel! Wie chumm i bloß hie wieder uus!

Erster Gascogner. Ich sterbe! Ach!

Zweiter Gascogner. Das ist die reine Mausefalle!

Schweizer.
I dummes Chaib, i wollt, i wär itz scho ze Huus!

Der Alte. Komm, faß mich an
Und folge mir,
So schnell ich kann,
Führ ich dich fort von hier.
Man schätzt uns hier nicht nach Gebühr.
Was wollen wir?
Noch weiter hier?
Ich opponier
Und protestier,
Ist man so unverschämt zu mir!
Und kommt noch irgendwann,
Was ich nicht glauben kann,
Einmal die Lust mich an
Nach solchem Tanzspiel, dann
Erschlagt mich alten Mann!
Komm, faß mich an
Und folge mir,

So schnell ich kann
Führ ich dich fort von hier.

Die Alte. Komm, komm, mein liebes Kind,
Wir gehn nach Haus geschwind,
Weil man hier nichts gewinnt,
Wo sich kein Sitzplatz findt.
Wenn wir gegangen sind,
Guckt man nach uns sich blind!
Es geht mir gar zu wüst in diesem Saale zu,
Auf dem Viktualienmarkt sogar herrscht größre Ruh.
Wenn ich je einen Schritt in dieses Tollhaus tu,
Dann, bitte, ohrfeigt mich dafür – ich hab's verdient!
Komm, komm, mein liebes Kind,
Wir gehn nach Haus geschwind,
Weil man hier nichts gewinnt,
Wo sich kein Sitzplatz findt.

Alle. Ein Buch für mich! Ein Buch für mich! Ich bitte sehr!
So schauen Sie, mein Herr, doch endlich auch hierher!

ZWEITE SZENE

Die drei Aufdringlichen tanzen.

DRITTE SZENE

Drei Spanier *(singen).*
Ach, vor Liebe bricht mein Herz!
Doch ich such, ich such den Schmerz!

Sterb ich auch vor Sehnsucht fast,
Treibt mich dennoch mein Begehren,
Meine Leiden noch zu mehren!
Lieb ist eine süße Last,
Und vor ihrem Glanz erblaßt
Auch der allergrößte Schmerz.

Ach, vor Liebe bricht mein Herz!
Doch ich such, ich such den Schmerz!

Gnädig war mir das Geschick.
Auch in schwersten Liebesnöten
Konnte mich der Gram nicht töten.
In so manchem Augenblick
Schien er mir sogar ein Glück,
Und es ward mir leicht ums Herz.

Ach, vor Liebe bricht mein Herz!
Doch ich such, ich such den Schmerz!
(Sechs Spanier tanzen.)

Drei Spanier *(singen).*
Verblendete Toren, was ist euch geschehn?
Gott Amor zu schmähn!
Den lieblichen Knaben,
Zum Heil uns geboren!
Verblendete Toren! Verblendete Toren!

Einer. Der nur ist zum Tod betrübt,
Der sich blind dem Gram ergibt!
Niemand muß vor Liebe sterben,
Wer mit ganzer Seele liebt.

Zu zweit.
Liebe ist ein süßer Tod,
Ist ein seliges Sichvergeben –
Warum willst du ohne Not
Ihrem Zauber widerstreben?

Einer. Lieb ist eine Himmelsmacht
Und nicht leicht zu überwinden.
Ist die Sehnsucht erst erwacht,
Gilt es nur den Weg zu finden.

Alle drei.
Lustig, lustig! Laßt uns singen,
Tanzen, springen!
Immer fröhlich, immer heiter!
Schmerz ist Einbildung, nichts weiter!

VIERTE SZENE

Auftritt der Italiener.

Eine Sängerin.
Lange Zeit war ich Rebell,
Die die Liebe höhnt' und haßte,
Bis sie plötzlich blitzesschnell
Eines Tages mich erfaßte.
Und dies Herz, noch jüngst so kalt,
Stand in hellen Flammen bald.

Ach, wie süß ist dieser Schmerz!
Diese Seufzer, diese Zähren
Möchte das zerrißne Herz
Nun und nimmermehr entbehren,
Das nur eine Wonne kennt:
Wenn es vor Verlangen brennt.

(Nach diesem Lied erscheinen zwei Scaramuzzi, zwei Bajazzi und ein Harlekin und stellen nach Art der italienischen Komödianten tanzend den Anbruch der Nacht dar. Ein italienischer Sänger tritt zu der Sängerin und singt mit ihr zusammen das Folgende.)

Er. O Jugend, o Blüte,
Wie welkt ihr so bald!
O Liebe, gebiete
Dem Augenblick Halt!
Sie. Solang der Lenz als Gast
Unter uns weilt,
Der in so großer Hast
Wieder enteilt –
Beide. Laßt hingegeben
Der Freude uns leben,
Genießen unsrer Jugend Glück!
Verlornes Gut gewinnt man nie zurück!
Er. Zwei Augen, die strahlen,
Erobern die Herzen,
Versüßen die Qualen,
Vertreiben die Schmerzen.
Sie. Aber mit Schnee und Eis
Der Winter naht!

Das müde Herz, ach, weiß
Sich keinen Rat.
Beide. Drum laßt uns eben
Der Freude jetzt leben,
Genießen unsrer Jugend Glück!
Verlornes Gut gewinnt man nie zurück!

(Nach diesem Gesang führen die Scaramuzzi und Bajazzi einen heitern Tanz auf.)

FÜNFTE SZENE

Auftritt der Franzosen. Ein Paar in der Tracht von Poitou tanzt Menuett und singt.

Sie. An solchen schönen Sommertagen
Wie lieblich wandelt sich's zu zwein.
Er. Hörst du die Nachtigallen schlagen
So süß im schattenreichen Hain?
Was kann das sein,
Was sie uns sagen?
Im grünen Hain
Soll Liebe uns erfreun!
Beide. O sieh, Lucinde,
Wie in der Linde
Die kleinen Vöglein schnäbeln hier!
Das unschuldsvolle Tier
Weiß nichts von Sünde.
Doch für und für
Im Laubgewinde
Kost er mit ihr!
Komm, tun auch wir,
Gefällt es dir,
Wie diese hier!

(Es kommen noch sechs Franzosen, ebenfalls in der Tracht von Poitou, drei Männer und drei Frauen, begleitet von acht Flöten und Oboen, und tanzen ein Menuett.)

SECHSTE SZENE

Das Ganze schließt mit einem bunten Durcheinander der Völker und Beifallklatschen der ganzen Gesellschaft zu Tanz und Musik. Alle zusammen singen die Schlußverse.

Nun ist das Spiel zu End. Ach, es war wunderschön!
Die Götter haben selbst nichts Schöneres gesehn!

NACHBEMERKUNG

Das am 14. Oktober 1670 in Chambord uraufgeführte Stück *Der Bürger als Edelmann* ist eine der Ballettkomödien, die Jean Baptiste Poquelin genannt Molière (1622–1673) für den Komponisten Lully (1632–1687) verfaßt hat. Es wurde im Auftrag Ludwigs XIV. geschrieben, auf einen Wunsch des Königs geht auch der türkische Mummenschanz zurück, mit dem ein türkischer Gesandter verspottet werden sollte.

Molière, Kritiker seiner Zeit, hat in den Mittelpunkt dieses satirischen Spiels – ein damals beliebtes Thema aufnehmend – die lächerliche, auch tragikomische Figur des Bürgers Jourdain gestellt, der die Lebensgewohnheiten des Adels zu den seinen machen will. Dabei fällt er dem Adligen Dorante in die Hände; in dieser Gestalt wird von Molière der Hofadel aufs Korn genommen. Gesunden Menschenverstand vertreten in dem humorvollen, ausgelassenen Stück Frau Jourdain und ihr Dienstmädchen Nicole. Molière hat die Glanzrolle des Jourdain selbst gespielt.

Hugo von Hofmannsthal schuf eine Bearbeitung vom *Bürger als Edelmann*, in der Molières Komödie das Vorspiel zu der Oper *Ariadne auf Naxos* bildet; sie wurde mit der auch Melodien Lullys verwendenden Musik von Richard Strauss 1912 in Stuttgart uraufgeführt. Für die spätere Neufassung der Oper *Ariadne auf Naxos*, uraufgeführt 1916 in Wien, hat Hofmannsthal Molières Stück durch ein neues Vorspiel ersetzt.